THESES & DISSERTATIONS WRITING

学位论文
通关宝典

尔雅老师 著

华中科技大学出版社
http://www.hustp.com
中国·武汉

图书在版编目(CIP)数据

学位论文通关宝典/尔雅老师著.—武汉：华中科技大学出版社，2019.7
ISBN 978-7-5680-5425-6

Ⅰ.①学… Ⅱ.①尔… Ⅲ.①学位论文-写作 Ⅳ.①G643.8

中国版本图书馆CIP数据核字(2019)第144517号

学位论文通关宝典
Xuewei Lunwen Tongguan Baodian

尔雅老师 著

策划编辑：刘娅婷	
责任编辑：刘娅婷	
封面设计：严嘉祺	
责任校对：张会军	
责任监印：周治超	
出版发行：华中科技大学出版社(中国·武汉)	电话：(027)81321913
武汉市东湖新技术开发区华工科技园	邮编：430223
录　　排：华中科技大学惠友文印中心	
印　　刷：武汉华工鑫宏印务有限公司	
开　　本：880mm×1230mm　1/32	
印　　张：3.5	
字　　数：78千字	
版　　次：2019年7月第1版第1次印刷	
定　　价：28.00元	

本书若有印装质量问题，请向出版社营销中心调换
全国免费服务热线：400-6679-118　竭诚为您服务
版权所有　侵权必究

自 序

从本科到硕士，再到博士，只要你想拿到学位证，都需要写好学位论文。

起初，我觉得学位论文这个选题好像没有什么可写之处，只要有时间，最后都能写出来。

我也买过几本关于学位论文写作的书籍，可都写得太过"抽象"，没有实操性，难以真正帮助到在论文中挣扎的你。

其实学位论文写作的过程是我们人生中非常重要的一个阶段。通过学位论文的写作和知识的积累，也许你就能找到未来人生新的发展方向与目标。

通过学位论文的写作，能够找到一条与众不同的人生路径，走出迷茫，这是学位论文能带给我们的真正价值。

这本书也许可以在你写作学位论文时助你一臂之力，而我更希望能作为你的一个朋友，陪伴在你身边，帮助你找到未来人生的发展方向。

我在写本科学位论文时，会经常待在图书馆，翻阅大量的文献资料。那时候，我对电视评论节目很感兴趣，特别是凤凰卫视的评论节目，所以我就写了一篇关于电视评论节目创新的论文。我记得当时在本科学位论文答辩时，老师们对我的论文表示了肯定，而且还就我论文中提到的一些问题展开了讨论。后来，我的本科学位论文获得了省优秀毕业论文。

在写硕士学位论文时，我同时在两个单位实习，后来，我产生了读博士的念头，于是就开始准备博士研究生考试。因此，我是在一个时间段内，同时做着四件事。那时，我也会觉得心力交瘁，但是，我通过写硕士学位论文，我将我的博士研究计划写好了，以后的研究方向也确定了。所以，在硕士论文写作的这个阶段，我迅速成长起来，快速认清了自己未来的方向，度过了找工作的焦虑期，完成了人生的转变。

我的博士学位论文从写作到出版这段时间，我的第一个孩子也出生了。

我在读博士期间意外有了我的第一个孩子，他就像老天给我的一个考验，也是一个礼物，让我知道了什么是"为母则刚"。怀孕一个月时，我开始准备博士学位论文的选题和开题。怀孕六个月时，我参加并顺利通过了开题答辩。怀孕八个月时，我一边写博士学位论文，一边挺着大肚子参加高校试讲。直到分娩前一刻，我还在想博士论文第三章应该怎么写。孩子出生后一个月，我一边哺乳，一边构思、完善学位论文的内容。在孩子熟睡后，我经常凌晨三点半爬起来继续写论文。在孩子六个月的时候，我参加了博士论文答辩并顺利通过。在孩子一岁时，我终于能腾出时间，将博士学位论文进一步完善，以期能尽快出版。博士学位论文是能够较快发表的学术成果，所以一定要好好珍惜这个机会。

这三个学位论文写作阶段都是我人生中非常重要的阶段，它们改变了我的人生轨迹。

我想通过我的经历告诉你，我在如此艰难的环境下都能完成硕士和博士学位论文，你也一定可以。

学位论文写作阶段，正是要踏入社会的关键阶段。这时的你,既要面临未来工作的各种不确定性,又要面临换一座城市生活的可能性,还可能面临和恋人是分手还是继续的矛盾,当然,还面临着导师的压力和毕业的压力。学位论文就像一座大山压在你身上,让你难以喘息。如果这个时候,能有一个朋友,在你身边为你鼓劲、加油,帮你排忧解难,是多么美好的一件事情!你的同学可能会听你发牢骚,但是他们可能也自顾不暇。最后,你只能默默咬着牙把论文写完。

  本书是我自己的全部经验总结,我会将选题确定、开题答辩、查找文献、论文初稿写作、论文修改、论文答辩、论文发表及出版的全部过程展现给你,还要将学位论文写作期间,有关找工作的经验都告诉你,让你不再纠结,不再犹豫。在毕业的关键阶段,有人为你分忧,有人为你解难,有人能够告诉你未来的路该如何选择,这是多么好的事。

扫码观看本书更多精彩配套课程

目录

Content

第一章 写好学位论文要做好哪些准备
一、思想准备 ·3·
二、心理准备 ·3·
三、时间准备 ·4·
四、选题准备 ·5·
五、材料准备 ·6·
六、毕业准备 ·7·
七、文献综述 ·9·
   本章作业 ·9·

第二章 如何找到合适的论文选题
一、从导师那里来 ·13·
二、从工作中来 ·14·
三、从自身的经历和特长中来 ·15·
四、从身边的各种资源中来 ·15·
五、从偶然的灵感中来 ·16·
   本章作业 ·19·

第三章 如何撰写开题报告

一、怎么写选题依据 ·25·
二、怎么写创新点 ·28·
三、选题的难度和可行性 ·29·
四、怎么写开题报告中的文献综述 ·30·
五、怎么写研究内容 ·31·
六、如何制定写作计划 ·32·
七、不要忽视参考文献 ·33·
  本章作业 ·34·

第四章 如何做好文献综述

一、搜集文献 ·37·
二、通过知网快速搜索文献的技巧 ·39·
三、如何快速阅读文献 ·42·
四、文献综述的写法 ·44·
  本章作业 ·44·

第五章 如何搭好学位论文的框架

一、怎么写绪论 ·47·
二、怎么写正文主体部分 ·48·
三、怎么写结论部分 ·50·
四、参考文献 ·50·
五、致谢 ·50·
六、摘要和关键词 ·51·
七、翻译部分 ·51·
  本章作业 ·52·

第六章 如何又快又好地写学位论文

一、梳理材料 ·55·
二、高效找资料的方法 ·56·
三、如何进行原创和创新 ·57·
四、如何快速修改论文 ·59·
五、如何通过与导师沟通修改论文 ·60·
六、提高沟通效率的技巧 ·61·
七、一些细节处理的技巧 ·62·
八、如何查重、降重 ·63·
本章作业 ·65·

第七章 答辩要注意哪些问题

一、答辩前要做好哪些准备 ·69·
二、答辩时的应对技巧 ·71·
三、答辩完应该做什么 ·73·
四、博士论文答辩的有关问题 ·73·
五、缓解紧张的办法 ·75·
本章作业 ·76·

第八章 学位论文如何修改后发表

一、如何把握投稿的时机 ·79·
二、如何进行修改 ·79·
三、如何高效地投稿 ·81·
四、提升发表成功率的技巧 ·86·
本章作业 ·87·

第九章 硕博论文如何出版

一、联系出版社 ·91·
二、如何准备出版经费 ·91·
三、论文如何修改成书 ·92·
四、论文的出版流程 ·94·
本章作业 ·94·

第十章 找工作和写论文如何兼顾

一、如何做好时间管理 ·98·
二、不断地问自己，找寻内心真正追求的东西 ·99·

后记

第一章
写好学位论文要做好哪些准备

学位论文一般是指本科学位论文、硕士学位论文和博士学位论文。

很多人也叫它毕业论文。

不管你正处于学位论文写作的哪个阶段,论文写作的基本要求和方法论都是一样的。你都要经历开题、写作、修改、答辩等环节。

学位论文写作的过程就像打游戏通关,每关都会遇到难题和瓶颈,但每关也都会有"通关秘钥"。

在这个过程中,导师的悉心指导可以帮助你少走很多弯路,最后顺利通过答辩,拿到学位,顺利毕业。但是,如果你在现实生活中缺少老师的指导,或者你根本没有时间写学位论文,那就会让人心力交瘁,甚至难以毕业。

写作学位论文,我们需要做好哪些准备?我将结合亲身经历,分享给你一些经验。

一、思想准备

人生难得几回搏,只要你用最认真的心态对待学位论文,突破自身的一些局限,就能找到人生新的目标和起点。

在写学位论文的过程中,也许你会发现自己真正喜欢的是什么,真正适合做什么,也许你会发现原来自己也还挺适合做学术工作的。在学位论文写作过程中,你会更加明确自己的人生目标。

如果你在学位论文写作初期就做好了思想准备,那你的学位论文就已经成功一半了。你把学位论文作为最重要的事去对待,这份认真也会回馈给你很多。

二、心理准备

心理准备跟思想准备类似,但是我觉得心理准备可能更偏向操作层面。首先要不怕苦。"不怕苦"是什么概念呢?通常情况下,不管是本科生、硕士生还是博士生,在学位论文写作阶段大多会选择在外面实习找工作。而在北京的交通时间成本平均在一个小时以上,而且还要忍受早晚高峰的拥挤。曾经有人说过,"在北京,没有挤过四号线的人,不足以谈论人生。"可是,难道就因为找工作太辛苦了,我们就放弃了吗?相信很多人都会说"不"。

其次要不怕累。苦侧重于心理上,而累则更多体现在身体上。工作了一天,已经很累了,但是忽然想到论文还没有写完,这时候的你一旦很想犯犯懒,看看电视剧和综艺节目,长此以往,就很难完成学位论文的写作了。

最后要不怕麻烦。学位论文写作是一件比较麻烦的事情,从搜索资料到阅读文献再到写作的过程中，会遇到很多繁琐的事情。之前有一个学生在网上晒出了他的毕业论文修改的版本，如下图所示。

毕业论文第二版
毕业论文第六版
毕业论文第三版
毕业论文第四版
毕业论文第五版
毕业论文第一版
毕业论文终极最终版
毕业论文终极最终永不再改版
毕业论文最终版

　　学位论文写作的过程确实很艰难，但是收获也很大。如果一篇学位论文没有经过多次修改，通常情况下也不会是一篇特别好的论文，所以说要不怕麻烦，要不厌其烦地进行修改、完善。虽然学位论文写作不容易，但并不代表没有技巧可言。在后面的章节，我将会为大家分享一些学位论文写作的方法和技巧，相信会对你们有所帮助。

三、时间准备

　　所谓时间准备，就是为学位论文写作留出充足的时间和精力。如果你白天需要工作，就可以选择晚上写学位论文，如果你是工作日工作，且任务繁重，无暇写作，可以选择周末完成论文写作。其实很多人的论文是在最后一个月写出来的，甚至有些同学的学位论文是在最后一周写出来的。你可能会问："这样的论文质量能好吗？"这里的一个月或者一周是集中所有时间全力以赴地写作，而不是那种碎片化写作。

这种"操作"需要你在前期做好大量的准备工作。就像做饭一样,真正炒菜的时间只有几分钟,但是前期的准备,包括买食材、准备食材等的时间并不短。所以,如果论文的前期准备做得足够充分,我觉得在最后一周写出来也是完全没有问题的。

四、选题准备

临近学位论文开题,很多同学还是没有想到一个好的选题,还有一些同学的选题在开题的时候就被老师否定了。选题被否定的原因有很多,比如选题太大、选题太小、选题太旧、选题没有实操性等。那为什么会有这样的问题呢?主要原因还是在于前期选题准备没有做好。寻找选题最好的方法其实是从导师的研究课题里找,我的博士学位论文选题就是源于我的导师的研究课题。如果你不想做老师给的选题,那就一定要好好琢磨,跟导师反复商量。

如果导师没有给你一个明确的方向,你可以从自身的经验喜好和研究基础里寻找选题。例如,我有一个学生很喜欢做手账,她已经有几万粉丝了,她根据现有的资料做实验,研究手账文化对社会生活带来的改变,并将其写成了论文。这就是一个很好的选题。所以,如果你在某一方面有大量的现有材料、经验,即有大量的研究基础,也可以在此基础上找到一个非常好的选题,我相信最终也会写成一篇不错的论文。

你也可以从自己的实习或实践中寻找选题。我有一个学生在一家叫做"微在"的媒体公司实习,这个平台大家可能了解不多，但是它的创办人大家可能比较熟悉，就是开单向街书店、做网络访谈节目《十三邀》的许知远。一直以知识输出为主的许知远为什么会做快速传播式的新闻平台呢？这是一个很有意思的现象。后来，这位同学也很恰当地在自己的本科学位论文中详细分析了这个案例。

你同样可以从亲朋好友处寻找选题。比如，你在跟亲朋好友聊天时可能会获得一些很好的灵感。我的很多论文选题都来源于和亲朋好友的聊天，有的论文选题甚至是来源于他们的朋友圈。把平时获得的灵感都记录下来，在寻找论文选题的时候可能就会有启发。

从以上几个方面去找研究选题，我相信你一定会收获良多。

五、材料准备

论文写作其实也是寻找材料的过程。材料准备可以从以下几个途径着手。

第一个途径是从数据库准备材料。例如，可以通过中国知网数据库进行检索。你可以直接勾选"硕士论文"或者"博士论文"选项，输入关键词，然后找跟你选题相关的硕士或博士论文，学习这些论文的框架、前言、结尾、核心观点以及论文参考文献等。阅读10篇左右的文献，就能找到不少相关的文献材料了。

第二个途径是在互联网上搜集资料。例如，百度文库、百度知道、知乎、豆瓣等网站。

第三个途径是通过学术组织获得材料。我们都或多或少接触过一些学术组织,这些学术组织的微信公众号和官方网站上也有很多丰富的内容可以挖掘。

第四个途径是通过参加学术会议搜集资料。我经常建议我的学生们,平时可以利用学术会议,不断提高自己的论文写作水平,积累材料。等到写学位论文的时候就有材料可言,写作起来也游刃有余了。

第五个途径是充分利用自己的课程论文。你曾经写过的、没有发表过的论文都可以作为你写学位论文的基本材料。现在大学里的很多课程作业是写一篇论文。硕士和博士的课程论文尤其多。几乎每一门课程都会写一些论文。有些好的课程论文是可以进行迭代开发的,开发得好就可以变成一篇好的学位论文初稿。其实在写每一门课程论文时,你都应该有一条主线,并始终围绕你的研究方向去写。哪怕是不同的课程,最后都可以归到你自己的话语体系里面,这是一个非常省力的办法。这其实也是为后期学位论文的写作准备前期资料,所以一定要重视课程论文的写作。

第六个途径是独家的一手材料。所谓的独家一手材料可以是你的工作经验,也可以是你通过一些渠道资源得到的其他材料。比如,我有一个学生一直跟着我做在线课程,在我们一起做在线课程的过程中,他也积累了大量的有关在线课程的相关材料,因此他在写学位论文时,就会有很多东西可以写。这些独家的一手材料,都是他通过实践得来的。

六、毕业准备

有些学校会要求学生在毕业前必须在核心期刊上发表一

篇论文，有的学校学位论文要进行外审。之前我跟四川大学的一名教授聊天，发现四川大学对学位论文的要求特别高，所有的学位论文都要进行外审，并且实行一票否决制，即如果有专家否定了你的学位论文，你就不能参加毕业论文答辩。通常情况下，学校会对所有学生的学位论文进行"查重"，如果论文"查重"通过不了，那么论文外审的资格也就没有了。

学校对学位论文的要求是越来越严格的。现在很多学校都在争创"双一流"高校，其中学生质量是很重要的一个指标，而评估学生质量最现实的指标就是学生的学位论文质量。

学位论文答辩会有很多要求，包括学位论文格式的要求和答辩材料的准备要求等。因此，难免会面临填写大量表格的情况。我记得在准备博士学位论文的时候我填写了十二张表格，每张表看似一样，实则内容都不相同，你得弄明白每张表怎么填写，老师们要在每张表上填写哪些内容。你需要清楚每张表的作用以及最后这些表格要交给谁，不要等到最后才手忙脚乱地准备这些材料。

对于本科生而言，你在写本科学位论文的时候，可能也是你准备考研复试的时候，这个时候的你难免会焦虑。考研复试通不过怎么办？学位论文答辩通不过怎么办？我要不要去找工作？这些问题都会困扰你。考研是人生的一个选择，却不是唯一答案。这时，你还是要专注于你的学位论文，并把论文的准备和考研复试准备相结合。如果你在复试时能对自己的学位论文有深刻的见解，我相信你会脱颖而出。

对于硕士研究生来说，如果你要考博士研究生（以下简称考博），最好将硕士学位论文作为你的博士研究计划的基础，这样你的研究基础就会比较扎实。哪怕你是跨专业、跨方向、跨学校考博，你也可以把硕士学位论文和你的研究方向做跨学科的融合。其实，硕士学位论文的准备过程就是考博的前期准备，二者在时间上是交叉的。

七、文献综述

文献综述在学位论文写作中的作用不言而喻。搜集文献、阅读文献、建立论文结构框架等一系列过程很漫长，但只要文献综述做好了，后面的论文写作部分就比较顺利了，通常而言，一篇学位论文 40% 的内容其实都是在做文献综述。

本章作业

梳理本章节有关学位论文需要准备的事项，看看自己都做好了哪些准备，还有哪些需要进一步准备？

- 第二章 -
如何找到合适的论文选题

合适并不意味着选题有多么新颖。在本科生学位论文开题时，我经常会看到一些硕士学位论文或者博士学位论文的选题，例如，"中国某某现象的研究"。这样的选题往往"大而空"。

本科和硕士阶段的学位论文，我认为要"大题小做"，而到了博士阶段的学位论文，则应该"小题大做"。

北京大学程曼丽教授的博士学位论文是研究中国的第一份近代报刊——《蜜蜂华报》，这个报纸是葡萄牙文的，而且只出版了67期就停刊了。这个选题很小，可以说很多本科生都不屑于去做这样的选题。但是程曼丽教授不仅通过这个选题完成了博士学位论文的写作，还出版了《蜜蜂华报研究》一书。

我们只有找到一个合适的研究选题，才能将接下来的各项工作做好。可是，我们应该如何去寻找合适的论文选题呢？我概括了以下五点，供你参考。

一、从导师那里来

写学位论文，导师起着至关重要的作用。

有些同学可能不知道怎么去跟导师联系。千万不要因为导师很少主动来找你，你就不愿意跟导师沟通。导师有的时候会很忙，你要积极主动地与导师联系，尤其是在确定选题阶段。我相信一般情况下导师都会很乐意与你沟通。

如果实在找不到一个合适的选题，你可以跟导师商量，让他给你一个选题，通常情况下，每个导师手里都会有一些研究选题，有些选题甚至已经有了很好的研究基础。这时，你只需要再阅读文献、扩充资料，按照老师建议的写作方法，梳理自己的思路和想法，学位论文很快就可以写出来了。

如果你有了一些想法，但是选题还没有确定，也可以跟导师沟通，让导师帮助你确定合适的选题。

我每年都会辅导四到五个本科生的学位论文和两到三个研究生的学位论文。在辅导他们写作学位论文的过程中，我发现了一个现象，一般有自己想法的学生，往往其论文写作之路会更艰难。因为他们想法较多，对自己要求较高，在确定选题时往往会有更多的纠结和犹豫，想法也更容易改变。而想法较少的学生往往倾向于听从导师的建议与安排，按照导师的要求踏实去做，如此反而顺利一些。

难度越高的论文，其实越是需要导师的指导与帮助。专业的指导能帮助我们突破学位论文写作中的瓶颈。

我的博士学位论文的选题是"从英国媒体看国家软实力的兴衰"。我的导师是历史学和国际关系学出身，他的研究方向是国际新闻史论。我在读研究生期间，参与了导师的很多科研项目,也参与了部分书稿的写作工作。在博士学位论文写作阶段,我选择了和导师的研究方向、课题息息相关的题目,即"国家软实力和国家话语权"。我之所以将英国媒体作为研究对象,是因为我对英国的历史文化很感兴趣,而我本身还是BBC古典剧的"死忠粉",对英国媒体对世界的影响及对国家软实力的提升有切身的感受。我很喜欢读历史,从历史的角度看媒体的发展,从媒体的发展看国家软实力的兴衰,这一研究过程是很让人着迷的,所以,我的论文选题很快就确定下来了。

二、从工作中来

在上一章我也提到过,写学位论文的阶段,恰恰是你找工作、实习的阶段。所以,你可以从你此时的工作中找到合适的论文选题。我有一个学生,她一边准备本科学位论文写作,一边在"今日头条"实习。她告诉我,她想研究"今日头条",但是这么空泛的选题,如何细化并找到合适的切入点呢?她告诉我她的主要工作是写"弹窗新闻",即根据不同地区人们的喜好,结合周围的突发事件,为人们推送"弹窗"。我告诉她"弹窗"是一个不错的切入点。现在几乎每个App应用工具都会有弹窗功能,就连搜狗输入法每天都会为我推送"弹窗新闻"。新闻"弹窗"怎么"弹","弹"什么内容,其实很有讲究。这里面有一套算法,也有一套系统在支撑。在跟我沟通之后,她确定了自己的学位论文选题"今日头条的弹窗策略研究"。这位同学其实就是从自己的实习工作中,找到了一个合适的论文选题。因为是自己正在做的事情,不仅熟悉该工作,而且还拥有大量一手资料,所以,在写论文时就很顺畅。

三、从自身的经历和特长中来

如果你有语言方面的特长,比如你精通俄语、日语、法语等,就可以从语言视角和途径出发,去研究一些国家的媒体发展等问题。这样的选题一般是有独创性的,材料和资料通常也会比较好搜集。

如果你有艺术方面的特长,比如体育、音乐、绘画、舞蹈、艺术设计等,就可以将这些特长与你现在所学学科的某些问题研究相结合。现在很多跨学科的选题是很受欢迎的。比如,一个体育学专业的老师想找一个建筑设计学领域的老师合作,因为他发现一个课题指南里,有很多关于体育建筑设计的选题。如果你有一些比较独特的个人经历,也可以结合这些经历寻找合适的选题。比如,我有一个学员,她曾是一名乡村教师,她在写硕士学位论文的时候,就结合自己乡村教师的经历找到了一个好的研究选题。有一个案例也很典型,上海大学博士王磊光写的一篇文章《博士回乡手记》在网上被疯狂转载。他以社会学的视角看待乡村社会转型的隐痛,并进行剖析,正是因为作者有切身体会且具备学术视角,所以能把这个现象研究得很深刻。

四、从身边的各种资源中来

不管你在哪所学校就读,你的学校都是你最好的资源。每个学校都有它的特色专业和比较强的学科。如果你读的学校是政法类大学，你就会有很多法律方面的资源；如果你读的学校是体育大学，你就会有很多跟体育相关的资源；如果你读的学校是民族类高校，你就可以做很多与民族研究相结合的课题；如果你读的学校是西部某高校，你可以研究西部地区存在的一些现实问题；如果你是在云南或广西读书，你可以研究"澜湄合作"等问题；如果你在边境城市的高校读书，你可以研究跨国合作等问题。

除此之外，你也要充分利用你的人脉资源。人脉可以是你的亲戚、同门、朋友等。如果你认识一些特别领域的独特人物，你是可以拿到独家选题的。

我有一个朋友，他和季羡林的儿子是好朋友，在研究有关季羡林的选题的时候，他借助朋友之力，不仅成立了季羡林研究会，还拿到了教育部人文社科规划课题。有一个学员找我辅导时说她很想研究一个画家的生平，我对她提出的第一个问题是你认不认识这个画家，或者认识跟这个画家相关的人。的确，认识一些相关的人，对于找到一个关于人物研究的好选题很重要。

五、从偶然的灵感中来

灵感也叫灵感思维，是指瞬间产生的富有创造性的想法或研究。很多朋友会问我，怎么会有那么多写作灵感，这些灵感都是从哪里来的。这其实是和长期的学术训练、跨学科学习和深度思考分不开的。

我在给学员辅导学位论文时，经常会听到学生说，没有思路，没有灵感，不知道写什么。我认为主要原因在于看的文献或者论文不够多，对这个选题领域的了解还不够充分。

灵感很多时候来源于我们喜欢的一个人或一件事。最近几年，网络综艺越来越火，研究网络综艺的硕士学位论文也越来越多。为什么呢？因为大家被这些节目吸引了，本能地以为如果写一个比较熟悉、比较感兴趣的选题会好写一些。

但是仅有兴趣和灵感是不够的，你还需要对选题进行深化，确定一个大小合适的选题。

假设，你有了一个灵感，接下来你会做什么？

我会直接去知网的硕博论文库里进行搜索，将我的灵感浓缩为几个关键词，输入关键词，查阅相关的论文和文献，从而确定这个选题有没有人做过，以及这个想法值不值得去做。

为什么要搜硕博论文？因为这是最直接、最容易"描摹"的样本。我建议，通常情况下要看五到十篇和你选题相关的硕博论文，然后进一步确定选题。这些硕博论文不需要全部读完，基本框架、前言、摘要、结论等与选题相关度多的部分要重点看。硕博论文的文献综述部分是最快掌握选题相关研究的途径，一定要仔细阅读。

清华大学的一名老师曾经对本科、硕士、博士三种学位论文有一个特别生动的比喻，在这儿也分享给大家。

这位老师以洗袜子为例，为我们展示了本科学位论文、硕士学位论文和博士学位论文的区别。

本科生学位论文

第一章　什么是袜子
第二章　为什么人要洗袜子
第三章　手洗袜子的技巧
第四章　一种全新的洗袜子方法

硕士生学位论文

第一章　洗袜子的定义及其历史演变
第二章　不同洗袜子方法的优劣对比
第三章　揉搓姿势、洗衣粉用量、水温对洗袜子过程的影响
第四章　如何科学地表现洗袜子的效果——以蒙眼闻味法为例
第五章　洗袜子的最优手法总结以及洗袜操的视觉呈现

博士生学位论文

第一章　袜子的发明对于人类社会的价值以及其设计上的不足
第二章　基于生物质能和电能的洗袜子方法对袜子臭度的衰减作用及其表征
第三章　揉搓姿势、十二烷基苯磺酸钠的浓度、水质的硬度对洗袜子过程的影响
第四章　基于 Navier–Stokes/Fourier/Fick 方程的洗袜子过程中动量、热量、质量传递模型建立
第五章　自动洗袜机概念的提出和原理、制备方法、应用场景
第六章　以静电纺丝法制备一双永远不会臭的袜子及市场调研

这个洗袜子的框架可以应用到所有的学位论文中。这位老师还就如何运用语言的艺术、作图的规范，如何应对"查重"等小妙招进行了阐述，如果你想了解详细内容，可在网上搜索阅读。

本章作业

从本章节所述的寻找合适论文选题的五个途径出发，尝试寻找一个合适的论文选题。

- 第三章 -
如何撰写开题报告

学位论文的开题是做好学位论文最重要的一个部分。

万事开头难,但是如果你开好了这个头,后面的路就会走得很顺利了。

写开题报告的过程其实就是你对论文选题的一个深入思考和梳理的过程。在写开题报告的过程中,你能够明白到底要写什么,为什么要写这个内容,研究的价值到底在哪里。

我先给你讲一个故事。我的研究生小崔的学位论文写作之路并不顺畅,多次更换选题,到开题前两天才确定要写什么。不是他不认真,不努力,而是他太认真,太想把论文写好,而且他还想考博,所以就很焦虑。我开始建议他把硕士论文和博士研究计划结合起来,把硕士论文与知识付费研究结合。但是他感觉我给的题目太大,怕很难写好。所以他就想找一个相对轻松好写的题目,要写文化类综艺节目。我其实不太看好这个题目,因为又要重新找很多资料,而且很难创新。

差不多过了一周的时间,他把写好的开题报告发给我看,确实是很认真,看了很多文献,但是他在搜集文献的过程中发现,写这个题目的人太多了,文献看得越多,就越焦虑,越迷茫。他不知道该怎么创新了,感觉写来写去都是别人写过的。

如果你查了很多资料和文献后,不想写这个选题了,那就果断放弃。否则之后会更痛苦,更难熬。

接着我就给了他另一个思路:博物馆。因为小崔写的有关文化类综艺选题主要是写《国家宝藏》这个节目,这个节目使博物馆在新媒体时代也逐渐变成了一个热媒介。如果你听过马歇尔·麦克卢汉关于冷媒介和热媒介的理论,你就能理解我的这个想法。而且小崔写过类似选题的论文，只是还没有发表。这里也提醒大家，一定不能把已经发表的论文，扩展成硕士学位论文，否则论文查重这关就很难通过。

经过一天的重新梳理与修改，第二天，小崔告诉我，还是不写博物馆了。因为通过查文献，他发现写这个选题的人还是很多，写出新意难度较大。

所以，他立刻换回了我开始给他的选题，写新闻传播学教育与知识付费的结合。这个题目其实也很大。他写好开题报告后就发给了我，看完后，我建议他将题目改为《新闻传播类知识付费课程的发展现状研究》。就这样他在一周内总共写了四份开题报告。

我还有一个本科生，在开题前一周跟我联系，说不知道要写什么，我给了她十几个选题，她都挑不出一个自己想写的。我"简单粗暴"地给她指定了一个题目，即"抖音走出去和国家形象塑造研究"。虽然这个题目很大，但是研究对象很简单，就是抖音的海外版 TikTok。确定了选题后，她就开始写开题报告，可她总觉得时间不够，找不到材料，然后就有了下面的对话。

学生："老师，我真的找不到抖音'走出去'的资料啊。"

我："不是要你找论文资料，是找新闻报道，抖音在国外那么火，怎么可能没有新闻媒体的报道，肯定有，你继续找。"

学生："老师，我发现国家形象'自塑'的文献不全，我觉得是不是应该把他塑也加上？改为国家形象塑造研究?"

我:"嗯,你这个想法不错,可以加上,另外,这方面的文献综述你也要加上。"

学生:"老师,我发现抖音海外版的TikTok和Musical.Iy合并了,这是刚刚发生不久的事情,那我应该怎么写呢?"

我:"嗯,不错,你就把这个海外版的发展按照历史的脉络进行梳理,将他们分阶段描述。"

于是,在这样的积极沟通中,这位同学的开题报告就写出来了。

她的开题报告写得很好,而且自己还提出了很多新的想法,找到了很多新的材料。从完全没有选题,到完成这份开题报告,从完全不了解抖音海外版,到对它的发展过程如数家珍,整个过程也只用了三天。

通过这两个故事,你可以得出几个结论。

第一,不要觉得时间来不及,一天写一份开题报告也是有可能的。

第二,如果没有自己的想法,就写导师给的选题。

第三,尽量选择有一些基础并比较感兴趣的题目去写。

第四,保持平和的心态。

接下来,我再为你讲述开题报告的内容应该怎么写。

一、怎么写选题依据

选题依据是你研究的目的和意义以及研究的背景。一般来说,选题依据不会大变。

我重新看了自己的博士论文开题报告。虽然大概改了四五稿，但是选题依据部分基本没做大的修改。

我的选题依据原文如下。

1. 选题依据

如何扩大国际话语权，提高国际传播能力，是目前中国在大国崛起背景下的热门话题。在近代历史上，法国、英国、美国都取得过国际话语权。其中英国话语霸权的兴起和衰落尤为引人关注。从1688年的光荣革命到辉煌的维多利亚时代，英国的国际话语霸权逐步兴起并得到确立，英国在当时各个方面都领先世界潮流。在19世纪，英国是最早完成了工业革命的国家，最大的殖民主义国家，最早完成了政治变革的国家，媒体最发达的国家，是名副其实的世界霸主。关于英国的媒体，我们知道两句名言，一是美国总统林肯在南北战争前接受采访时说："《泰晤士报》是世界上影响最大的报纸，事实上，据我所知，除了密西西比河外，再没有比它更有力量的东西了。"英国著名首相迪斯雷利也说，"英国在各国的首都有两名大使，一名是英国女王派遣的，另一名是《泰晤士报》派遣的"。时至今日，尽管英国早已风光不在，但是其发达的传媒业依然支撑着这个"帝国"，让其能继续影响着世界。而英语作为全球通用语言，其影响力仍然深远。由此，我们产生了三个问题：英国是如何取得国际话语权的？话语权又是如何转移的？这对世界历史和传播格局又产生了什么影响？我试图从新闻史论的角度出发，结合软实力和话语权研究的相关理论，通过对英国历史中的政治、经济、文化、外交、宗教、科学等内容的梳理和研究，寻找国际话语权转移的历史规律，得出以上三个问题的答案。这对我国打造一流媒体，争夺国际话语权也有着现实意义。

如何扩大我们的国际话语权，提升我们的国家传播实力，这是一个热门的话题。记得当时有一个很热门的纪录片叫《大国崛起》，它梳理了十二个大国崛起的过程。英国曾经被称为"日不落"帝国，是世界的霸主，虽然后来慢慢衰落了，但是英语以及英国的文化还是对世界影响深刻。英国哈里王子和美国一位女星结婚的新闻就占据了各大媒体的头条。只要是英国王室的新闻，就能吸引全世界的关注。没有哪一个王室能像英国王室一样有如此大的影响力。所以，研究英国的文化遗产包括英国的话语权的转变是很有意思的一个选题。

不难看出，我的博士论文开题报告写得很简单，也易于理解。其实，在论文开题时，并不需要你有多么华丽的语言，多么专业的词语，多么丰富的内容，老师们只希望你能在能力范围内，做出一些创新的研究。所以在选题依据这部分，不需要写得多么"高大上"，针对某个现实问题，提出你的困惑和想法就可以了。

很多学位论文都缺乏问题意识，在论文准备初期，如果没有提出为什么要写这篇论文，没有带着问题去思考写这篇论文的意义，往往就会为了写论文而写，写出来的内容也没有太大价值。写选题依据的过程，就是一个不断设问、回答、追问、再回答的过程。你要从一个个的设问中，不断找寻你要写这篇论文的目的和意义。

我的另一个研究生秋秋，想写社群运营有关的研究选题。其实这个选题很好，但是她在写开题报告时，没有把握好要解决的问题，而是把社群、知识付费、知识付费平台、社群经济等概念都梳理了一遍，但是最后要解决什么问题，她反而没有提。这也造成她的论文框架很难形成。后来我建议她，针对社群运营的困境，从困境出发去寻找对策。只要有了问题意识，就能聚焦问题，就能将研究目的和意义讲清楚。

我们在弄不清楚研究目的和意义时，一定要多问几个为什么："我为什么要写这篇论文？""我要解决的核心问题是什么？"

二、怎么写创新点

明确了选题的目的和意义后，就要考虑选题的创新性了。

选题的创新性不用写太多，一般写两到三点就可以。我的博士论文当时写了三个创新点。

一是话语权研究和软实力研究本身较少，本研究切入角度新颖，体系完整，可以填补学术空白。根据目前搜索到的文献和研究，国际话语权的研究中对英国的专述几乎没有，对于英国史，大多是从政治、经济、外交军事等方面阐述，很少涉及到文化、宗教和国际传播。对于国际传播史，大多是从其历史、表现和发展的阶段过程来描述，很少涉及国别研究。所以说目前国内尚没有将国别史和新闻史作为切入点来进行话语权和软实力研究的文献。

二是时间跨度大，涉及范围广，材料丰富。本研究的时间范围将从早期英国历史开始，跨度达2000多年。涉及的材料内容不仅包括新闻传播，还有语言、宗教、文学、科学、政治、经济、外交等方面，历史材料极为丰富。

三是进行跨学科研究，研究方法和理论较多。本研究将结合传播学、政治学、历史学、国际关系学、文学、宗教学等学科的理论进行梳理和研究。以新闻史学的角度来阐述英国话语霸权的兴起和衰落，努力描述出这种国际话语权转移的历史规律。

我觉得这三个创新点基本上可以运用到所有学位论文上，我将其概括为以下三点：第一，前人研究比较少或者梳理得不够好，你进行了很好的梳理；第二，你的论文研究时间跨度大，材料多，材料新；第三，论文运用了跨学科的研究方法。如果你提炼不出创新点，可以套用这个模板试一试，相信你会有意想不到的收获。

三、选题的难度和可行性

选题的难度和可性行是大部分学位论文都会涉及到的写作部分。

有时你有了一个很好的想法，但是实施难度却很大，难以落实。在开题时导师们通常会建议你换个题目，或者细化研究选题。如果选题难度太大但具有可行性，你就要说服老师，让他知道你有能力，也有信心，把这项研究做下去并写出论文。

关于这部分内容，我的博士论文是这么写的。

一是材料分散、庞杂，相关理论研究专著较少。关于国际话语权的系统研究很少。而对于历史和政治著作，也很少有关于话语权和软实力方面的详述。即使有从历史角度来阐述英国的国际传播的论述，也是零碎不全且没有梳理。二是理论把握和研究方法还需进一步学习。本人不是学历史出身，要进行跨学科研究，必须阅读大量的非本专业的材料，在历史学、政治学等学科的一些理论上的把握还较为粗浅。

不过，我可以通过国内外专家学者对于西方历史文化传播的研究，通过大量的文献资料特别是英文文献资料来弥补这方面的不足。总之，我会克服种种困难，力图如期高质量地完成我的博士毕业论文。

这其实就直接告诉了评审专家，我做的研究首先是有意义的，其次，有创新点，最后，我可以把这些难题解决。如果把这三点说清楚，后面的写作就会更顺利了。

四、怎么写开题报告中的文献综述

一般来说，开题报告的文献综述是论文文献综述部分的基础，字数一般在1000至1500字。本科论文开题报告的文献综述字数可以少一点，但是也不要少于500字。如果你是写本科论文，那么这1000字的文献综述基本可以拿来直接使用。如果你是写硕士论文，一般文献综述字数要求在3000字左右。如果是博士论文，则可能要10000字左右的文献综述。所以，在后面的章节里，我要重点讲怎么写论文的文献综述。

开题报告里的文献综述部分主要是呈现你看了哪些文献，前人做过哪些相关的研究，你在前人研究的基础上，能提供哪些新的材料或者提供新观点。

所以，文献综述部分只要逻辑清楚，语言通畅，一般问题都不大。做好了文献综述，论文的基本内容、写作思路的框架就出来了。

一般来说，只要多读相关文献，多查资料，多与老师沟通交流，多借鉴他人优秀的文献综述写法，就能写出不错的文献综述。

文献综述部分是块"硬骨头"，不好"啃"，需要你花功夫，去查文献、读文献、解构文献。

五、怎么写研究内容

学位论文的研究内容部分，其实就是研究思路和论文框架的扩展与丰富。你可以先用思维导图工具，按照写作的思路，搭建论文的基本框架，然后不断完善框架内的具体内容。

学位论文主体部分一般采用三段论的写法——"是什么？为什么？怎么办？"。其与前面的绪论和后面的结语共同构成论文的五个部分。如果是博士学位论文，也可以多分几部分。

画思维导图有诸多好处，我们可以把头脑中各种各样的想法和理不清的头绪，进行可视化。而且画思维导图有利于我们调整、完善部分章节内容。写论文就像是更新思维导图的过程，慢慢地去粗取精，不断修改，直到最后完成。

六、如何制定写作计划

对于本科论文，你大概有六个月的时间可以用来写作，可大多数人都是拖到了最后一个月才开始写作。我认为不管多忙，也要抽出时间，尽量提前完成论文写作。越来越多的学校对本科的教学质量抓得很紧，千万不要因为毕业论文耽误你的前程。我曾经看过因为毕业论文不过关而无法顺利毕业读研究生的例子。所以在制定论文写作计划时，要至少留出一个月的时间用于修改论文。

对于硕士论文，你至少有一年的时间来准备。但这个时候你通常也会在外面实习找工作。很少有人会待在寝室或者图书馆安心写论文，大部分学生的硕士论文都是在最后一个月"赶"出来的。

而对于博士论文，虽然会有两年甚至更长的时间用来准备，但很多人还是会因为完不成毕业论文而延期毕业。毕竟十万字的论文不是一两个月就能轻松写出来的。

所以在制定博士论文写作计划时，你应该用半年的时间搜集、整理、分析文献，再用三个月的时间做文献综述，然后用半年的时间完成论文初稿的写作，最后用一两个月的时间对论文进行反复修改。

我的建议是，博士论文以三个月为一个周期，并为每个周期制定计划。而且计划要留有余地，如果三个月内没有完成，在接下来的三个月就要抓紧时间，把进度赶上去。

七、不要忽视参考文献

很多本科生的开题报告里都会忘记写参考文献，而参考文献恰恰是老师很关注的内容。

为什么呢？

因为参考文献能反映你对这个选题的了解程度。

老师们并不一定很了解你的选题，但是他们可以从你的参考文献中了解这个选题的价值。

通过你罗列的参考文献，老师们也能知道你有没有花功夫认真准备论文。

参考文献的数量要足够多。之前有一个本科生跟我说，"老师，20篇参考文献太多了，我找不到那么多文献。"我一听就有点失望。后来转念一想，也许对于很多学生来说，找文献、读文献确实是一件比较难的事情。所以，我在后面的章节里，也会为大家讲解找文献、读文献的技巧。通常情况下，本科论文要求20篇参考文献，硕士论文要求参考文献数量达到50篇，博士论文则要求在100篇以上。

另外，开题报告是可以修改的。

在开题结束后，你应该按照老师提出的问题和建议，对开题报告进行修改。不要觉得开题后就可以一劳永逸了，这只是你论文写作的开始。

我相信大家在写学位论文的过程中，会有无数次想要推翻自己之前想法的念头。

但是如果你已经开完题,并确定了你的开题报告,那你就一定要坚持把这项研究进行下去。

最后,祝大家开题顺利!

如果你对于论文开题还有什么问题,可以给我发邮件询问,我的邮箱是:eryajiangtang@163.com。

本章作业

用思维导图工具,制作一个学位论文的思维导图。

- 第四章 -
如何做好文献综述

  上一章节讲述了如何写好开题报告，本章节将讲述开题结束后，如何做好文献综述。

  做文献综述的过程也是搜集资料、阅读文献、分析文献的过程，一般而言，这个过程是贯穿于整个学位论文写作阶段的。

  很多初次尝试写学位论文的本科生很畏惧做文献综述，其实做好文献综述并不难，通常情况下我们会将其简化为搜文献、读文献、解文献和写综述等步骤。

一、搜集文献

搜集文献的过程比较漫长，但充足的文献资料能够帮助你打好论文写作的基础。

1.搜集文献有多种渠道。搜集文献的渠道通常可分为线上渠道和线下渠道。线上渠道包括知网、清华同方等数据库，以及百度、Google等互联网搜索引擎。还有一个途径就是通过论坛、贴吧、微博等搜集，比如知乎、小木虫、学术资源吧等。线下渠道包括图书馆的各种文献资料以及政府、企业、机构等的报告和文书。如果你做调查类的论文，可以通过线下渠道与相关的研究结构合作，拿到一手资料，这对于做好调查类论文的文献综述非常重要。

我在中国传媒大学读书时，学校会有一些媒体数据库，包括世界报纸图书馆等。这些都是值得挖掘的文献资料宝藏。

在平时阅读网络文章，特别是一些优质公众号时，你可以多留心并搜集一些好的文献资料，然后将好的内容直接放在微信收藏里，添加标签，便于后期写论文时查找。

2.文献形式有多种。除了传统的图书、论文等资料外，文献形式还包括新闻资料、图片、档案等。之所以强调图片，是因为很多图片里蕴藏着丰富的信息。比如，前人研究中总结的流程图、框架图或者资料图等，都是很好的文献材料。如何搜到合适的图片呢？可以在百度搜索里点击"图片"，输入你的关键词，有时候会搜索到很多有意思的资料。有时候，我们还可以将图片信息运用在论文里，增加论文的可读性。

档案材料也是非常值得研究的文献资料。我在中国人民大学的校档案室里，偶然发现了 1927 年至 1951 年历届燕京大学新闻系毕业生的毕业论文，共计 160 篇，其中英文论文 27 篇。这些论文后来不仅被汇编成书，而且还被很多人拿去研究。

3. 搜集文献的范围应该兼顾国内与国外。虽然我们大多数人写的论文都是以中文文献为主要参考，但是阅读一些英文文献也很有必要。很多学校对于本科学位论文和硕士学位论文，都有对文献综述进行英文翻译的要求，即在写完学位论文之后，还应附上论文的英文文献翻译。

如果与你的研究相关的英文文献较少，你可以阅读一些文史哲领域的外文书籍或文献。书不应泛泛地读，你应该就自己将要研究的问题，从书中找到相关度高的部分进行精读，发现好的外文文献，做好标注，并在论文写作中恰当使用。

如果你的研究和国际领域紧密相关，比如你要研究缅甸某一现象或问题，这时，充分利用有缅甸语的文献就会更有亮点。

二、通过知网快速搜索文献的技巧

1. 通过知网的计量可视化分析功能,搞清文献全貌。以我的博士学位论文《从英国媒体看国家软实力的兴衰》为例,起初,在写作博士学位论文时,我为自己定的目标是至少搜集 400 篇文献进行阅读。

那么如何在短时间内搜集到 400 篇精准文献呢?

在知网中输入"英国、媒体、软实力"三个关键词,能得到 185 个检索结果。

点击"计量可视化分析"按钮,再点击"全部检索结果分析",就可以得到这 185 篇文献的综合分析结果。

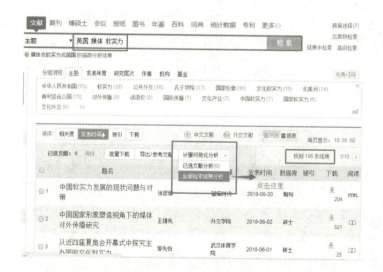

根据计量可视化分析后的结果,我们可以看到文献的全貌。如果你觉得全部检索结果并不精准,还可以单独勾选文献,点击"已选文献分析"按钮,即可看到已选文献的分析情况。

计量可视化分析——检索结果

① 数据来源： 文献总数：185 篇；检索条件：(主题=英国 媒体 软实力 或者 题名=英国 媒体 软实力 或者 v_subject=中英文扩展(英国 媒体 软实力,中英文对照)) (横糊匹配)；数据库：文献 跨库检索

总体趋势分析

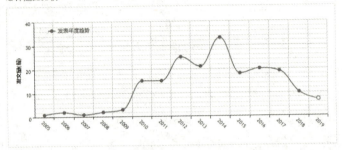

在所有相关文献中，我们可以看到，此领域研究成果最多的年份是 2014 年，其次是 2012 年。从 2012 年到 2014 年间发生了什么事情？通过网上搜索不难发现，2012 年英国办了奥运会，举世瞩目，2013 年英国宣布脱欧计划。在这一时间段，英国一直是全球的焦点，所以相关的研究也随之增多。我的博士论文是 2012 年完成的，所以，这张图里显示的 2012 年以后的研究情况与我当时的论文写作关联不大。

如果时光倒流到 2011 年，我会看到关于英国媒体的研究一直是呈上升趋势的，这也意味着这是一个可有所作为的新兴研究领域。

如果你在进行论文写作时，搜索到的相关研究结果呈现一直下降的趋势，那你就要思考这个题目值不值得写。除此之外，你还要分析呈现上升趋势的原因和呈现下降趋势的原因。因为写学位论文和写新闻一样，有时候也需要"蹭热点"。

下图是关于主题分析的统计图。

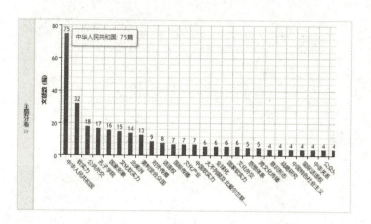

从这个主题分析的统计图里，我们可以看到我所研究领域的热点分布。排名前五的是："中华人民共和国""软实力""公关外交""孔子学院""国家形象"。但是这些热点里只有"软实力""国家形象"与"英国媒体"有关系。而排名靠后的热点跟我的研究领域关联度也都不大。从这里我可以得知，真正和英国媒体相关的文献是非常少的。

那么，我就需要继续搜索。

可以将"英国媒体"的概念和领域细化。比如，我们可以搜索"泰晤士报""BBC""路透社"等英国知名媒体相关的关键词，结果证明这种方法是可行的，在每个词条下，我都可以快速找到至少 50 篇文献。接下来就可以进一步对这些文献做计量可视化分析，筛选出精准文献。

现在至少已经找到 300 篇精准文献了。

然后，再将"伦敦奥运会""英国王室""软实力""国家形象"等关键词结合搜索，至少又能搜到 200 篇比较精准的文献材料。

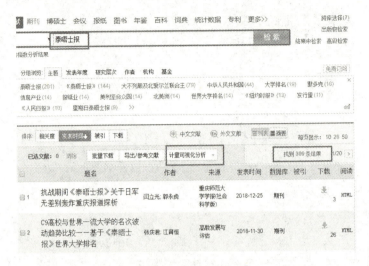

很快 400 篇精准文献就搜集好了。

2. 批量下载文献。勾选完这些文献以后，再使用批量下载功能，就能下载这 400 篇文献。下载完以后，我们就可以进行深入分析和阅读了。关于计量可视化分析，还有很多具体的技巧，我会在随书附带的视频课程里，呈现给大家。

三、如何快速阅读文献

做文献综述不需要全部读完这 400 篇文献，而是需要通过阅读更为精准的文献，来大概获知前人的研究成果，并思考在前人研究的基础上我们能有哪些方面的创新。

阅读参考文献应该将泛读和精读结合起来。

在搜索到的所有文献里，找到 10% 的和你论文主题相关度高的文献进行精读，就足够做好文献综述了。这样也能节省时间，提高做文献综述的效率。

我基本上可以做到 10 秒泛读一篇文献。读完 200 篇文献也就是 2000 秒，约 5.5555 个小时，也就是说，理论上 5 个小时可以读完 200 篇文献。

泛读就是读标题、摘要、参考文献三个部分，有时候也会阅读小标题。在泛读的基础上你就能知道哪些内容对你的学位论文写作是有价值、有启发的，哪些内容则是没有借鉴价值的。

通过泛读，找到特别符合你要求的那 10% 的文献，继续精读。

这里要为大家讲一个小技巧，我们很多时候从知网的 CAJ 浏览器粘过来的文献不是连续的，而有很多的空行，用"Delete"键一个个删除太麻烦，有一个特别便捷的方法是在英文输入法状态下，点击"查找替换"按钮，在替换栏查找内容框中先按住"Shift"键，再输入数字"6"，会出现一个"^"小箭头，然后输入一个小写字母"p"，再点击"全部替换""ok"，就可以一键搞定多个空行。这样是不是为你节省了很多时间呢？

在复制这些文献内容的时候，也要随时记录它们的来源，最简单的办法是用脚注的方式，直接在每段后面做标注。还有一个好方法，就是用思维导图的方式来做。

当你想借鉴某一文献的某段话时，你就可以利用思维导图进行整理。你可以把相似的内容都用思维导图中的备注功能放在一起，也可以用超链接的方式把文档直接放在思维导图中。后期用到的时候，直接从思维导图中调用即可。关于思维导图，我推荐大家用 XMind 这个工具，比较方便实用。

四、文献综述的写法

撰写文献综述最简单的方法是罗列法，罗列法也是初学者最容易掌握的方法。比如某某在某篇文章中说了什么，某某认为什么。罗列法很容易上手，但有时候会显得散乱，更像是文献的堆积而非综述。

综述应该是站在更高的视角上，对前人的研究进行分类和整理，再用自己的观察视角，将逻辑推演的思维逐渐展现出来。

文献综述本身应该就是一篇完整的文章，而不是一个个破碎的段落。

另一个撰写文献综述的方法是观点集成法。所谓的观点集成法是指就某一观点，用"某某，2010，某某，2012"的形式进行阐述的写作方法。这有利于大家用完整的语言链条将事情讲明白，很多论文也都采取观点集成的方法做文献综述。

关于文献综述，还有很多技巧与方法，我们需要慢慢培养自己的文献搜索能力、文献解读能力和文献整理能力。只有这样，才能慢慢将这种能力内化于心，外化于形。

本章作业

1. 试一试计量可视化分析功能，提升做文献综述的效率。
2. 用思维导图的方法，梳理文献。

- 第五章 -
如何搭好学位论文的框架

  如果把写论文比作建房子，那么论文的框架，就是房子的结构。
  论文的框架一般包括绪论、主体、结语、参考文献、致谢、附表等部分。其中最重要的就是主体部分的框架，因为它是论文的核心内容。
  在开题答辩时，老师会从你的论文主体框架中了解论文的主要内容。
  如何搭好论文的框架呢？
  这里面也有很多的技巧和方法，我们一起来学习吧！

一、怎么写绪论

绪论就是论文的开头，一般包括以下几部分。

1. 研究的目的和意义。以我的硕士生美霖的毕业论文《缅甸传媒业发展现状研究》为例，这篇论文的研究目的和意义其实是从几个问题出发进行梳理的："现如今缅甸传媒业的发展状况如何？""为什么要研究缅甸的传媒业？""媒体对中缅关系的发展有什么影响？""研究传媒业的意义是什么？"回答了这几个问题，本篇论文的研究目的和意义也就讲清楚了。

2. 文献综述。我建议把文献综述放在第二部分，也可以放在第三部分或第四部分，文献综述是绪论中不能缺少的一个组成部分。有时候，文献综述也叫研究现状和研究背景。研究背景多来源于新闻、政府工作报告等材料，而研究现状则是在前人文献的基础上，进行系统分析。

3. 研究方法和研究内容。研究方法和研究内容有时候可以写在一起。研究方法一般包括文献分析法、对比研究法、调查问卷法等，如果你觉得没有必要把研究方法当成一个重点来进行阐述，就可以在研究内容中几笔带过。但是，如果你的研究方法非常独特，比如你采用了民族志的研究方法、普查实验法等，或者你做了不错的实验或访谈等，则可用大篇幅阐明你使用这种研究方法的原因和过程。

4. 研究思路和研究框架。研究思路和研究框架通常也是放在一起陈述的。搭建研究框架并不意味着你要把所有的内容都写完整，你只需明白每个部分大概要写哪些内容即可。明晰研究思路和研究框架，有利于你在论文写作后期明确思路，提高写作效率。

绪论主要解决的就是研究目的和意义、研究现状与背景、研究内容、研究方法和框架等。把这些理清楚后，绪论部分的写作就水到渠成了。

二、怎么写正文主体部分

正文部分通常采用三段论的写作手法：描述现状—提出问题—给出建议。但是在实际写作中，写作手法可以多样化。

作为论文章节名的一级标题应逻辑清晰，凸显关键词，且句式统一。

我有一个本科生，她的论文题目是《中国悬疑小说走出去》。但是她的章节名称并不是"走出去的现状""走出去的问题""走出去的对策"等，而是"跨文化传播的现状、问题与对策"。"走出去"与"跨文化传播"看似词义相近，但从学术论文写作来看，二者区别还是很大的。"跨文化传播"的主体包括中外两个对象，而"走出去"的主体则只有一个。

为什么她没有紧扣论文标题拟章节标题呢？

因为她在前面的写作中，发现用跨文化传播的理论可以解释中国悬疑小说"走出去"困难的原因，所以就把跨文化传播作为论文的创新点和核心观点，全文也都围绕着跨文化传播来写。

论文的核心论点和章节标题其实并不完全相同，即核心论点不一定都要在标题中体现。

接下来，我们一起看看三段论究竟需要写哪些内容。

1. 描述现状。这里描述的现状和绪论部分的研究现状是不同的。这里的现状更侧重于对研究对象发展过程或发展特点进行阐述。比如，我有一个本科生，她的论文题目是《从"延禧攻略"看"IP剧"的嬗变》。如何描述这部IP剧火热的现状呢？可以通过各种数据、影评等说明它的火爆程度，然后分析它火爆的原因，并总结该剧对其他"IP剧"的启示和参考。如果你要将这篇论文写成一篇硕士论文，则可多写一些"IP剧"的发展历史。

在描述现状时，可以按照时间的脉络、逻辑的脉络、类别的脉络等进行梳理。

2. 提出问题。这部分可以先提出现状所面临的挑战、机遇、困境、优势、劣势等，然后根据提出的问题分析原因。如果把论文写作概括为四步——起、承、转、合，那么，"提出问题"部分就是"承"和"转"。

我们要深入分析某一问题，必须要学会质疑和思考，要用辩证的方法看待问题，只有这样才能把论文写得深入。

3. 给出建议。这部分可以从思考、总结、反思、展望等方面进行写作。这部分是主体部分的最后一部分，即上文中提到的"合"。通常情况下，我们要紧紧围绕上文的论述来提建议、做总结和反思等。但在这一部分往往最容易犯的错误就是脱离前文。提建议不要"大而空"，你要明确你是在给谁提意见，一定要针对研究对象或与研究对象息息相关的主体。

三、怎么写结论部分

结论不是对摘要的重述，它会起到总结全文并对问题进行思考和延伸的作用。比如，研究存在的不足，后续研究可进行的方向，以及未来的期许或愿景等，都可以在结论里提到。结论部分不需要占用太长的篇幅，但是也要尽可能简短而出彩。如果你的结论能让大家产生"人人心中有，但是人人口中无"的共鸣，这部分你就写得很成功了。

四、参考文献

对于参考文献，我的建议是能多读就多读，你借鉴的参考文献越多，说明你对这方面的研究成果越了解。

整理参考文献并不容易，这里有一个小技巧也许帮到你，即使用知网的"文献导出功能"。

在知网中还有专门用来修改参考文献格式的工具，现在使用较多的是GB/T 7714-2015格式，这也是知网默认的格式。

参考文献中，图书文献占据的比例最好多一些，期刊论文次之，网络资料则可以作为补充性的参考文献。

老师通常也会通过参考文献来初步判断论文的水平，所以一定要重视参考文献的选择，且尽可能多读、精读。

五、致谢

致谢这部分千万不能大意，很多老师是很看重这一部分的。有人说，看别人毕业论文的致谢是一种享受，因为里面全是精彩的人生故事。

我在博士学位论文的致谢中就写到了我的孩子,他给我带来了更多的勇气和坚持的动力,而我的博士论文就像是我的第二个孩子。

致谢部分首先要感谢的是自己的导师,其次是同学、师长、亲人,以及一切值得感谢的人。

致谢部分其实也能很出彩,毕竟学位论文风格可能千篇一律,但是致谢部分是有自己独特风格的。

我认为致谢部分要有故事,而故事应有曲折、有高潮、有结尾。如果这个故事让人印象深刻,我相信对你的学位论文而言,应该会锦上添花。

六、摘要和关键词

论文写作完成后再写摘要会相对容易得多。

摘要是对全文的高度凝练和总结。如果说结论是论和评,那么摘要则是陈述和总结。摘要应突出重点和难点,凸显结构和框架。你可以将各部分的小标题提炼出来作为摘要的重要组成部分。

关键词一般也是来源于摘要,词语数量应控制在3至5个。

七、翻译部分

有些学校要求将论文翻译成英文,有些学校仅要求翻译摘要部分。翻译的技巧很多,一般可以借助百度、搜狗、谷歌、有道翻译等进行辅助翻译。我建议大家还是独立翻译,因为这也是锻炼自己英语水平的好机会。

总之,一篇好的学位论文要做到四有——有材料、有观点、有逻辑、有文笔。有材料是指材料新颖或拥有大量的一手材料；有观点是指在每一部分的提炼上有亮点；有逻辑是指整篇文章读起来非常顺畅，思路清楚；有文笔是指文采好，有自己的风格。

希望你能够顺利拟好论文框架，为后面的写作打好基础。

本章作业

按照我给你的建议，搭建学位论文框架，并不断修改它。

- 第六章 -
如何又快又好地写学位论文

写学位论文是一个"仁者见仁，智者见智"的事情。

每个人的写作习惯不同，写作风格也会有所不同，现在我想为你分享一些比较实用的技巧，帮助你又快又好地写学位论文。

一、梳理材料

1. 在确定了论文框架后,就可以对已经拥有的材料进行梳理。我们可以把论文比作一个完整的面包,你可以将这个面包"切割"成几个部分,例如,容纳"现状描述"的面包部分、容纳"问题提出"的面包部分、容纳"意见或建议"的面包部分。最后可以把不同部分的文献和资料放入相应的面包部分中。

在为每一个面包部分填充内容的过程中,可以通过粘贴复制实现材料的梳理。你可以把搜集到的有用材料放到一个 Word 文档中,也可以放在 XMind 思维导图工具中。

梳理材料就像下棋,你要掌控它而非被它掌控。

你要清楚地掌握每个部分的情况,并要随时更新、随时修改。

2. 在所有的材料都梳理得差不多的时候,就可以开始"修饰"你的论文了。这就像盖房子,在拥有了一个毛坯房子之后,我们需要为它铺上地板、粉刷墙壁、布置家具等,让它逐渐成为一个"家"。

3. 在梳理材料的过程中,要记得标明材料出处,方便后期书写参考文献和脚注。为了便于查找,在 Word 中可以直接用脚注的方式标明材料出处,在 XMind 中可以用超链接的方式链接引用的材料。

4. 为自己定一个小目标。比如,写一篇硕士学位论文,规定自己每天梳理一千字的材料,那么一百天就能梳理十万字。通常情况下,三万字的论文,梳理十万字的材料就差不多了。因此,大概只需三个月的时间,你就可以完成学位论文写作前期的文字积累。就我个人经验而言，看十篇左右的文献，就可以找到一千字左右的有效材料。只要你每天坚持看十篇左右的文献和相关资料，那么你花费在论文写作上的时间一般只需抽出一到两个小时就足够了。

5. 当梳理的材料字数达到三千字左右时，则有必要进行二次梳理。二次梳理的过程其实就是再书写的过程，将一些看似没有关系的材料有机地重新组织。在二次梳理的过程中，要逐渐形成自己的语言风格，这个过程可能会比较漫长。很多人刚开始写学位论文时，语言表述都还是很随意的，可在一次次材料梳理中就慢慢形成了自己的语言风格。

很多人习惯按照前后顺序进行写作，例如，今天书写第一章，明天书写第二章。我认为这样的写作效率会比较低，且效果也不一定很好，更多情况下你可能经常会有写不下去的感觉。

先梳理材料有助于你做到心中有数和协调各个部分的强弱关系。例如，某一个章节的相关材料太少，你完全可以将其删除，重新换一个角度，阐释这个问题。

所以，我给你的建议是，梳理材料是高效写作的重要前提。

二、高效找资料的方法

在写作学位论文的初期，你不要等所有材料都搜集完后再动笔写作。在上一章节中，我已经告诉你快速找到精准文献的方法，但也只能帮你先找到60%的材料，还有40%的材料需要在你正式写作中，慢慢找到。

你也不要期望自己找的材料都是最精准的。

要边写边找，边找边写，边写边改。

看到一些好的文献，我会"顺藤摸瓜"，从它的参考文献中找文献。

一般来说，在知网上，一篇文献的下方会有相关的文献供你下载，如果你在读文献的时候，发现了你之前没有下载的文献，可以去下载阅读。

尽量把所有文献放在同一个文件夹里，因为有时候你可能会重复下载同一篇文献，这样不仅浪费时间，而且后期查找起来也比较麻烦。如果将所有文献都放在同一个文件夹中，就可以在下载时知道这个文献是否下载过。

三、如何进行原创和创新

如果你想要写一篇高质量的学位论文，文中的大部分内容还是要坚持原创，只在原有材料上粘贴、增减是不够的。

原创最好的方法就是做实验、做问卷以及实证分析、数据分析。

做实验一定要设计好你的实验方案、研究方法、实验目的和意义，最好参考前人的研究，用比较成熟的实验法去做实验。

做问卷适合相对简单的问题研究，否则难以仅仅通过问卷就得出一些比较科学的结论。比如你想研究知识付费平台的用户的付费意愿，你只针对100个人进行问卷调查是很难得出科学结论的。

可以将做问卷和做访谈相结合，在问卷调查的基础上，做深度访谈。通过结构式的提问，从访谈对象的回答中得出结论。同样建议可以多看前人的研究。一般来说，大多数文献都会将访谈的提纲、内容、结果完整地呈现出来。

除了做实证的研究，你还可以找很多的第一手材料来增加原创性。

什么是第一手材料呢？

第一手材料也叫原始资料，是指直接经过搜集、整理等获得的材料，它通常包括：文献资料（指原创的）、实物资料、口述资料等。第一手资料的优点是具有实证性、生动性和可读性；第一手资料的特点是证据直接，准确性、科学性强。一般来说，原始文件、档案、信函、日记、回忆录、照片、文物古迹和其他实物等都能作为第一手材料。

其实，很多外文材料也是很好的一手材料，如果没有人翻译过，而你对这些材料进行了翻译，那这些材料就是你的一手材料。

找到一手资料，利用一手材料，你就能写出原创度较高的学位论文。

还有一些行业发展报告、政府工作报告、咨询报告、新闻报道等，也可以作为原创的材料。这些材料里有很多内容可以进行解读和解构。比如微信发布的《2018微信数据报告》等。这些报告里已经有为你整理好的各种数据的分析资料。这些数据很多是可以直接引用的，省去了你做数据分析的时间。

拿到一手材料后，你可以用学术的语言将这些材料表述出来。

我相信在拥有大量材料的基础上,做出的归纳、分析和总结都会很有说服力,论文的创新点也会凸显出来。

四、如何快速修改论文

修改学术论文的格式、打印学术论文都可以寻求专业人士的协助,但一定要弄清楚学校对于相关方面的要求。

学术论文书写的过程其实也是不断修改完善的过程,可如何提高修改的效率呢?

1.统一语言风格。我们经常说学位论文的语言要准确、精练简洁、平实易懂、思辨性强等,但是这些指标都太抽象了。我认为,学位论文语言风格的形成不是一蹴而就的,而是要靠你平时阅读大量的论文来逐渐形成的。学位论文的语言既不是政府报告的语言,也不同于小说的语言。这个尺度的把握要凭借一定的学术训练才能获得。你可以先模仿别人的论文语言。例如,在句式上做一些修改,在表述上进行一些改变。我在给很多学生做论文辅导时,发现很多学员写学位论文时没有主语。因为写学位论文通常不会用第一人称,而应该说本研究、本项目等,所以很多人干脆就不用主语。没有主语的论文语言是不连贯的,是缺乏严谨逻辑的。所以,学位论文写作的语言要素一定要完整。

2.摘要、结论和参考文献要重点修改。摘要的写作其实是有技巧可循的。我总结了一个公式供大家参考:摘要=脉络+问题+答案。首先,提出你的研究问题的脉络,其次给出你的研究问题,最后给出你的答案及研究结论。通常情况下,摘要部分可放在最后写作。

结论是对全文的总结和延伸，必要时可以指出本次研究的遗憾或者对本研究的展望。

参考文献最重要的是修改格式，统一风格。

3. 合理使用图表等形式，使论文更加丰富立体。现在很多人更喜欢看视频，可视频资料却无法在纸质论文上呈现，这时候你可以将视频的链接或者截图放在论文中。特别是和影视、影像类研究有关的论文，可以将调研的内容截成图片放在论文里面。而合理使用表格则可以直观地呈现你的调查数据，更清晰地说明你要研究的问题。

4. 附上已经发表或者即将发表的论文。很多学校的学位论文都会要求在致谢部分填写一个附表。表中信息包括在校期间发表的论文、参加过的项目等，其实这是你在读书期间的一个总结。我曾经看到过一篇博士学位论文，论文致谢后附上了他曾经发表过的30多篇SCI检索论文。其实，这也是宣传自己、展现自己学术能力的一个很好的途径。

五、如何通过与导师沟通修改论文

在写作学位论文的过程中，要学会与导师进行积极的沟通与交流。

与导师的沟通不一定都要在线下见面，也可以进行线上的交流。

硕博论文写作期间，争取能每个月与导师沟通一次，与他探讨你的论文。如果没有时间见面，线上交流也是可行的。

我一般喜欢用微信和学生互动，用QQ或者邮箱来为学生辅导论文，QQ和邮箱更容易保存，且回看聊天记录时比较方便。

其实很多你不明白的问题，都会在与导师的沟通中慢慢解决。

我反复强调学位论文写作过程中不要让导师来"催"你，而是要你去"催"导师。当你马上要参加开题会的时候，你要告诉导师，你需要导师帮忙看看开题报告；当你初稿完成了的时候，你要告诉导师，并让他给你一些指导建议。你要去主动地跟导师沟通，让导师知道你的论文进展。

我在为学生辅导论文时发现，有时候他们琢磨很久都解决不了的问题，我可能五分钟就为他们找到了解决的方法。试想，如果他们不问我，我也不可能知道他们存在的这些问题。所以，勤与导师沟通，反而为你节约了大量的时间。

六、提高沟通效率的技巧

1. 找老师辅导学位论文的时候，可以建议老师用QQ视频分享屏幕的方式辅导，这样你就可以看到老师的屏幕，仿佛老师在面对面为你辅导论文。我为我的学生辅导论文时，特别是需要修改细节和框架时，通常都会采用这种方式。

2. 在修改学位论文时，我建议你使用修订工具进行修改。Word中"审阅"菜单栏下有一个"修订"功能，使用修订功能后，你修改的痕迹会保留下来，老师可以清晰地看到你删除了哪些内容，添加了哪些内容。你也可以请老师用修订工具为你辅导论文，这样可以提高你修改论文的效率。

3. 如果你是用在线文档写作，你可以方便地看到各个论文写作的历史版本，你做的每一次修改，都有记录保存。这样，你就不用担心后期再修改论文时弄混淆了。老师也可以从在线文档里看到你修改的历史记录。当然，老师所做的修改的历史记录，你也可以同步看到。

七、一些细节处理的技巧

1. 建议用云存储的方法做好文件备份，或者将文件发送至自己邮箱进行保存。不要过度依赖U盘，假使U盘丢失或者损坏，就不好办了。

2. 遇到图片或书籍等资料时，你可以先用手机对这些材料进行拍照，然后用图片转文字的工具，将图片内容转为文字，也可以用Word里的"OneNote"工具，把图片的内容转化成文字。

3. 已经排版好的论文，尽量转成PDF格式。这样格式就不会乱，因为Word的版本很多，彼此会存在不兼容的情况。所以在打印论文时，最好保存为PDF格式。如果你需要把PDF转为Word，也有很多工具，例如"迅捷PDF转换器"，无需下载和安装，可以实现直接在线转换（但只支持2M以内的文件）。

八、如何查重、降重

论文定稿后，在送交外审或提交学校审查前，最好提前进行"查重"和"降重"。当然，如果你的论文内容都是自己原创的，可以不用"查重"。

查重会有很大的风险。需要提醒的是，如果你在淘宝网上随便找个卖家购买"查重"服务，很可能你的论文会被卖家拿去售卖。

其实不只是"查重"，淘宝网的代笔、润色、翻译环节，都有可能成为商家盗卖论文的途径。所以，"查重"一定要找正规的渠道。

"查重"后，如果重复率高于学校的规定，就需要进行"降重"。

"降重"也有很多技巧。

很多学生为了"降重"会先把重复的文字翻译成英文，再把英文翻译成中文，但是，这个办法并不能一劳永逸。要更好地"降重"，还是需要反复揣摩文献材料，用自己的话语体系进行表述。

还有一些"降重"的技巧你也可以参考。

1.WPS自带了一个论文"查重""降重"的功能。但是"查重""降重"是有字数限制的，即在一定字数内不收费，超过限制字数就要收费。

2.把文字改为图片、图表、表格等，将文字可视化，也可以降低重复率。

3.把重复文字变为直接引语，即用引号标注出来，单独成段。虽然还是能查出来，但是你将间接引语改成了直接引语，这跟抄袭的性质是不一样的。

总之，"查重"需谨慎，"降重"有技巧。

但是，写好论文，一定要在写作初期就尽可能降低重复率。如果全篇论文都是在重复前人的研究，没有一点自己的创新，再好的工具，再好的技巧也是徒劳的。

本章为你讲解了修改学位论文过程中需要注意的事项和技巧，你在论文修改时还会遇到哪些问题？欢迎向我咨询，我的邮箱是eryajiangtang@163.com。

本章作业

1. 按照本章节提到的有效沟通的方法,积极与导师进行沟通。
2. 反复修改你的论文标题。
3. 用原创的方法找到一手材料,并写作学位论文。

- 第七章 -
答辩要注意哪些问题

经过了前期漫长的写作、修改,你的论文终于基本定稿了。

尽管你可能还对你的论文有各种不满、各种遗憾,但是没有关系,答辩会给你再次修改论文的机会。

一、答辩前要做好哪些准备

1. 做好答辩的PPT。我听过很多学生的论文答辩，发现很多学生的答辩PPT都比老师做得好。但是也会有一小部分学生的PPT做得并不太好。不太好的PPT不是说排版不好看，而是内容没有抓住重点。

老师看论文一般会着重看论文框架、创新点和参考文献三个部分。所以你要把你的研究重点展现出来。我的研究生美霖就通过下面这张PPT，清楚展现了自己的研究重点。

在我看来，答辩PPT必须要有框架、参考文献、创新点这三个部分。

PPT可以做成结构化的展现。虽然PPT是一个线性的展示，但是也可以把它做成结构化的。曾经有一个学生的答辩 PPT 让我印象深刻，她在每个页面的左侧，都设置了一个菜单栏。例如，说到不同部分或内容时，菜单栏就会显示不同的颜色。其实她只是运用了一点小技巧，把菜单栏的每个模块的颜色按照内容重新设置了而已。

在陈述 PPT 时，千万不要照着 PPT 念。我最怕听学生念 PPT，总共几分钟的阐述，一张 PPT 还没有念完，时间就结束了。你要学会试着给老师们讲故事，讲关于你论文的故事，让他们听了你的故事，就对你竖起大拇指。

另外，最好准备几个格式版本的 PPT，以免答辩教室的电脑无法识别。

2. 各类文件提前准备好。论文的打印稿、需要老师签字的材料等都要在答辩前准备好。在答辩时我经常会遇到有些学生打印材料准备不足的情况，还有的学生论文排版、打印的质量太差，这些都会给老师留下不好的印象。

3. 在答辩之前一定要与导师见面。如果不能见面，至少也要沟通，看看还有没有其他需要注意的问题，比如你的答辩组组长是谁？答辩老师有哪些？他们都有哪些特点？老师们可能会提出哪些问题？提前了解所在组导师的风格，有助于你在短时间里赢得老师们的信任。

4. 提前问清一些答辩的细节问题。比如，教室的条件、每人答辩预计的时间、校外导师的评审情况等。还可以跟同组答辩的同学以及师兄、师姐进行沟通，学习他人的长处，吸取他人的教训，做到有针对性的准备。

现在学校对答辩越来越重视，要求也变得越来越严格。为了保证论文答辩的质量和公平，一些学校的硕士论文答辩，还会邀请校外的导师来担任答辩组组长。而很多学校的博士答辩,对校外专家所占比例也都有一定的要求。

所以,在答辩前,你应该做好各种心理上、材料上、信息上的准备,只有这样才能真正做到"知己知彼,百战不殆"。

二、答辩时的应对技巧

通常在答辩时,会有几个老师向你提问,但并不是让你即刻就作答,而是等到下一个同学陈述完自己的论文后,你再回答。

这其实是为你充分答辩预留了一定的思考时间。

在答辩时,老师们会通过看整个论文框架来初步判断你的思路是否清晰、创新点是否明确、材料是否充分、结论是否科学、研究方法是否正确等。当然,老师们也会重点看论文结构的完整性和规范性以及逻辑的正确性。

下面,我将就老师们经常提问的几个方面讲解应对技巧。

1. 来自自己导师的问题如何应对?你的导师是对你论文最熟悉的人,他向你提的问题应该是你论文的薄弱点,也是可以继续改进的地方。自己导师的提问其实是在帮你把问题找出来。所以,此时你要向老师承诺接下来会好好改,会更加关注这个问题。如果你确实不知道怎样回答,你可以说:"老师,这个问题我确实还没有想清楚,我答辩结束后再向您请教。"

2. 来自其他导师的问题应如何应对?如果是其他老师的提问,一般的做法是先点头,把问题记下来,不要急于回应和辩驳。对于不同类型的问题,你应该有不同的应对策略。

如果你对其他老师对于你论文的一些看法表示认同,你可以这样回答:"是的,我的想法和您一样。"如果你不认同,你也可以说:"我的想法和您的想法还不太一样,原因是……"

如果其他老师觉得你论文的某些部分需要完善,特别是指出了一些非常明显的错误的时候,你应该虚心接受批评。你可以这样回答:"谢谢老师的指导,我会好好修改。"

如果其他老师给出的是一些探讨性的问题,或者想就你论文的某个部分再多说一些。那你就可以多说一些 PPT 中没有展示的内容,这样会让老师觉得你不仅论文做得非常扎实,而且还有一些延伸的思考。

3. 如何在短时间内表达出你的核心观点?一般本科生答辩陈述是 5 至 10 分钟,硕士生答辩是 10 至 20 分钟。其实,这个时间仅仅够你说完摘要和结论部分。答辩的 PPT 不要超过 10 页,每页的字数也不要太多,把核心观点讲清楚即可。

4. 遇到不会回答的问题怎么办?首先,要保持镇定,千万不要慌张。你可以把老师们提出的问题进行拆解。把问题中的关键词迅速在头脑里过一遍,你可以对自己比较熟悉的关键词进行延伸,慢慢地找到叙述的重点,也许最终你的回答跟老师们提的问题不能完全吻合,但至少你没有脱离导师们的问题范围。

在回答老师们的问题时,你要首先肯定老师们提出的问题很值得探讨。如果你是在国外读书并参加论文答辩,你可以面带微笑地看着答辩委员,然后说一句,"Wow, this is a very good question"。在国内,你可以说,"老师提的这个问题很好"。虽然说论文答辩请来的老师都是学术工作做得很好的老师,但很难保证老师们对你的研究都有非常深入的研究。你可以先肯定这个问题是个好问题,接下来就可以挑选最熟悉的关键词进行回答。说完了自己的认识之后,可以补充道:"由于才疏学浅,认识不多,时间有限,今后我将继续加强这方面的研究和探索"。

这种关键词分解法称为"Circling Answer",或者旋转回答、绕圈回答。虽然你没有完全答到点上,但是你也没有脱离这个问题。

三、答辩完应该做什么

答辩是帮助你完善论文的一个绝佳机会。

在学位论文答辩后,你还应该做好以下几件事情。

第一,向老师们致谢,表示会继续完善论文。

第二,认真梳理自己的论文,多与老师沟通,也许你的学位论文成果可以进一步传播、扩散。

第三,如果你是硕士研究生,并有读博士研究生的打算,一定要将硕士学位论文进行发表,这是你非常重要的学术成果。

第四,要与同学多交流,也许你们可以就一些感兴趣的问题进行更深入的探讨。

四、博士论文答辩的有关问题

通常情况下,博士论文的答辩过程相对复杂,有中期答辩、预答辩以及毕业答辩。

如果一篇博士论文是十万字,那么在中期答辩的时候,你就应该已经写完了文献综述部分,而且每个框架内也都已经有了一部分内容,即整个论文雏形已经完成。

1. 答辩的内容。博士论文的答辩过程相对较长。国内和国外的情况也多有不同。

博士论文篇幅较长,不可能在短时间内全部介绍到,所以你要将你的论文的核心观点和创新点讲出来。首先,你要介绍自己为什么要写这篇论文,即研究的目的和意义,要像新闻的倒金字塔结构一样,把最重要的部分显露出来,让大家对你的论文产生兴趣,并对你的选题产生一个价值的评估。在此基础上,你可以讲述你是怎么做这个研究的,即你的研究思路、研究方法以及研究结果。

论文的不足也有必要进行简短说明。论文的不足之处也从侧面体现了你的论文是有价值的,具有科研的前沿性和创新性,需进一步验证。

答辩是对学业生涯的总结。所以答辩陈述除了可以讲述论文的内容之外,还可以谈一谈博士期间的一些事情,特别是与你的论文密切相关的事情。

2. 国外的博士论文答辩。我的朋友 Ray 老师是在国外读的博士。他在国外参加博士论文答辩的经历也很有意思。

国内外关于答辩的含义有所不同,国内答辩的"答"通常是指回答,"辩"是指"辩论"。但是在国外,答辩被称为"defence",中文解释是"防守",这个词非常形象地描述了国外答辩的过程,即对方对你提出的每一个问题都是一次进攻,而你要做的就是防守。

在国外,每个国家的答辩文化也有所不同。

以欧洲为例,德国的答辩一般是比较苛刻甚至是让人心生畏惧的。在答辩前,几个教授会关起门来讨论你的论文,他们会讨论两个小时甚至三个小时,有时候甚至因为意见不同产生矛盾,出现某个教授摔门而走的情形。德国人是比较严苛的,所以在德国拿博士学位不是一件轻松的事情。

荷兰的博士学位答辩一般是公开的。你的导师会请来一些相应学科领域的专家与你讨论论文,你也可以邀请你的家人、朋友甚至你的同事来参加你的毕业论文答辩。简言之,这里的答辩更像是一个派对。在答辩完后也会用香槟酒庆祝,整个答辩过程是比较开心的。我的导师经常跟我说这样一句话"You can have several chances for marriage, but only one time for defence"。这句话的意思是,"你一生中可以有多次婚姻,但是论文答辩一辈子只有一次"。

五、缓解紧张的办法

1. 模拟答辩。在答辩前,你可以事先进行彩排,邀请你的朋友或者同行来听你讲答辩论文的PPT,然后让他们模拟老师进行提问。他们提出的一些问题可能就是答辩时老师会提出的问题。这个彩排其实就是事先将一些问题捋清楚,做到心中有数。你也可以准备一些小纸条,藏在口袋里,也许你不一定会用到这些纸条,但是它们可以帮助你缓解答辩前的紧张感。

2. 做积极的心理暗示。你可以在心里不断强调:"我可以的,我没问题,今天就让所有人感受一下我的强大吧!"多给自己一些积极的心理暗示是很有用的。毕竟,凡事你都应该要说服自己,才可能说服别人。

3. 想办法释放自己。找一面墙或一根柱子类的坚固物体,用你的双手推墙或者推柱子,使你的身体呈倾斜状态,然后用力去推。当然,你不可能推动墙,也不可能推动柱子,但是你会感觉体内焦灼的力量被推出去了,从而达到释放自我的目的。

答辩是一个展示自我的舞台,每个人都有属于他／她的这一天,加油。

本章作业

1. 为自己的答辩准备一个彩排,或者一些小纸条。
2. 用文中缓解压力和紧张情绪的方法,做积极的心理暗示。

- 第八章 -
学位论文如何修改后发表

对于很多人而言,学位论文可能是这辈子写得最用心的论文了。

所以,我们要认真对待我们的学术成果,使它发挥出最大的作用。尤其是对于想考研或考博的同学来说,能把学位论文修改后发表,对于自己的学业生涯极具价值。

在学术圈,对一个人科研水平和学术能力考核的一个重要指标就是论文。这里的论文是指经过期刊或出版社正式发表或出版的论文。

一、如何把握投稿的时机

需要提醒你的是,不要等到学位论文答辩后,尤其是被知网录用后再去发表学位论文,而一定要赶在答辩之前做这件事情。

因为学位论文被知网录用之后,你再去投稿,很多期刊会在查重这一环节就将你的论文淘汰。

所以,我们只能自己勤奋一点,在答辩前将学位论文修改好并投稿。这样,既避免了后期的查重问题,也避免了论文在前期发表后,学位论文"查重"时通不过的问题。

我们要打一个漂亮的时间差。

其实这个时间差很短,通常是半年左右。

如果你很早就发表了论文,而你的学位论文是以这篇发表的论文为基础进行拓展的,那你就有可能通不过学位论文的"查重"。我之前说过,即使你复制了自己之前文章的内容,在现行的"查重"系统中,也是会认定你的重复率偏高。

因此,你的论文还不能发表得太早。从答辩前到答辩后,前后半年左右的时间,是你修改学术论文并投稿的最佳时机。

二、如何进行修改

学位论文的要求与期刊论文的规定有很大区别。你需要在体例、格式、风格、内容上进行修改。

1. 缩减论文的字数。期刊论文在字数上通常是比学位论文要少的。期刊论文一般是 3000 至 6000 字。本科论文一般是 8000 至 12000 字,硕士论文是 3 万字,博士论文是 10 万字。所以,如果要修改学位论文并在期刊上发表,首先应该缩减论文字数。

那应该缩减哪些内容呢?

绪论中的很多内容是不需要体现在期刊论文中的,因此可以酌情删减,比如研究目的、研究意义、研究方法、研究思路、研究框架等。文献综述部分也可以精简。通常情况下,学位论文的一些写作惯例是不适用于期刊论文的,例如,期刊论文中很少有名词解释、核心概念解释等内容,但是在学位论文中,引用的理论以及核心概念都可以单独成为一部分。

对于主体部分的删减,可以保留学位论文主体部分中的精髓部分,而对于次要的细节,可视情况删减。

对于结语部分,学位论文通常叙述较详细,篇幅较长,而期刊论文只要求简单陈述研究结果,其余细节则可列在补充资料中。

对于参考文献部分,通常学位论文的参考文献数量较多,但在改写成期刊论文时,则只需挑选最重要的文献即可。

学位论文的摘要字数一般也很多,期刊论文的摘要字数则通常限制在150至250字之间。

学位论文一般还有附录,而期刊由于版面有限,一般没有附录部分。

2. 将论文改成多篇。期刊论文的主题和创新点是比较明确的,基本就是围绕一个核心论点进行论述,但是学位论文可能有多个研究议题,比如有些论文里面会加入一些具体的案例分析,其实案例分析本身就可以写成一篇小论文。

如果你的学位论文里有多个案例,那你就可以将这些案例分别改成期刊论文。

选择研究议题也要有所取舍，有些论文虽然篇幅长，内容丰富，但也很难改成多篇论文。比如我的博士论文就没有哪一部分可以单独拿出来改成一篇小论文的，所以后来我选择了将博士论文出版。

3. 格式的修改。期刊论文的格式和学位论文有很大不同，所以要严格按照期刊论文要求的格式进行修改。格式修改是一件很繁琐的事情，如果你想节省时间，不妨找一些专业人士来做。

4. 切勿夸大自己。在将学位论文改写成期刊论文的过程中，缺乏经验的作者常发生"过度阐释数据"的问题。由于在研究过程中，作者投入了大量的时间与心力，极容易对研究结果过于自信，因此，在撰写期刊论文的结论时，一定要注意用词，采用保守的陈述方式，切勿夸大研究成果。

三、如何高效地投稿

1. 科学制定投稿策略。投稿策略的制定取决于你投稿的目的。如果你想投递给专业领域内很权威的期刊，希望能为以后读博士、找工作增添筹码，你就要朝着这些优秀期刊要求的标准去写作。

如果你只需要投递一个普通期刊甚至是论文集，你可以选择发稿速度快，甚至只需要一点版面费就能发表的期刊。

如果你不想花钱，又想发表一篇看似不错的期刊论文，你就要仔细选择，在投稿前期就要弄清楚期刊是否收取版面费等问题，不要浪费了宝贵的时间。

2. 科学制定投稿计划。投稿时机的选择也非常关键，不要把时间浪费在漫长的等待上而错失更好的投稿机会。这里就会涉及一稿多投方面的问题。为了提高论文发表的概率，多数人都会考虑一稿多投，可同时又担心这种行为属于学术不端。在我看来，我们应该科学地对待一稿多投。

在网络时代，期刊的审稿和回复比纸质时代更加迅速。现在很多期刊规定，一个月或者三个月没有收到回复，就可以选择另投他刊。就实际而言，一个月甚至半个月没有收到任何回复就不需要继续等待，特别是通过邮箱投稿之类的期刊。

如果是系统投稿，我们可以在系统里看到自己论文的审稿状态，一般显示稿件已经被接收就表明论文已经通过了初审环节，如果被通知支付审稿费，则表明这篇论文已经有了"下文"，这时就应该耐心等待，不用着急另投他刊。

国内社科领域的期刊，大部分仍然采用的是邮箱投稿的方式。如果你所在学科领域有系统投稿的期刊，不妨先试一试，因为系统投稿的效率和透明度与邮箱相比都会更高。

如果你将学位论文改成了多篇论文，那就需要把这些论文分散投稿，提高发表的概率。大部分人会认为只要把论文投递出去，等着期刊社通知就可以了，并很快将这件事情遗忘。如果你有多篇论文，请一定要记录下来。建议用思维导图或者邮箱里的记事提醒功能，为你的多篇论文的投稿情况进行备注。

3. 正确看待一稿多投。一稿多投一般是指作者在法定或约定的期限内将同一论文或内容大体相同的论文同时交由多家期刊社，期待予以发表的行为。一稿多投最早出现在20世纪50年代末，到20世纪80年代逐渐增多，20世纪90年代数量继续增加，到 21 世纪，中国学术评价体系发生变化，由于过分注重论文的数量导致一稿多投数量急增。

一稿多投是一个普遍的现象。

许多期刊编辑还曾发表过论文来分析一稿多投的原因及其预防机制，但是从目前学术市场长期供不应求的状况来看，一稿多投还是很难避免的。

现行法律法规没有具体条款明确指出一稿多投或多发应该如何处理，只在《中华人民共和国著作权法》第 33 条规定：著作权人向报社、期刊社投稿的，自稿件发出之日起 15 日内未收到报社通知决定刊登的，或者自稿件发出之日起 30 日内未收到期刊社通知决定刊登的，可以将同一作品向其他报社、期刊社投稿，双方另有约定的除外。

虽然著作权法在特定期限内禁止一稿多投，但法律并未赋予期刊社对投稿作品享有专有出版权或刊登权，也就是说一稿多发并不违反著作权法。同时著作权法对于一稿多投行为没有后续的惩罚性规定，就更加使得这一规定很难发挥实质性的作用。

需要明确的是，一稿多投不等于一稿多发，只要论文没有正式发表，去投多少个期刊原则上都是可行的。

但是，一稿多投最终可能会造成一稿多发，由此导致期刊社出版资源的浪费，所以，一稿多发才会构成学术不端。

仅是一稿多投，在没有造成一稿多发的情况下，是很难追究作者责任的。我们不要把一稿多投看成是"洪水猛兽"，而应该更为科学地对待这个问题。

如果想提高发表速度，可以加入一些期刊社群或者关注相关期刊的微信公众号,在社群里或微信公众号中留言询问,也可以打电话到期刊编辑部询问。

4. 注意防骗。在论文投稿的过程中,受骗上当的几率也非常高。轻则丧失最佳的投稿时机,重则论文被中介卖掉,然后被他人拿去发表,甚至损失金钱。

下面我将谈谈如何预防论文剽窃,以及在投稿过程中可能存在的风险。

首先,一定要将自己投递过的论文备份,防患于未然。

其次,在投稿前要仔细辨别邮箱的真假,最好将邮件截图保存下来。曾有新闻报道过一些核心期刊邮箱被盗,盗窃者乘机给许多投稿的作者发送与论文审稿费相关的诈骗信息的新闻。

有一个学生,在百度网上找到了一个叫做"临床和实验医学杂志"的网站,这个网站做得"像模像样"。

后来，这个学生很快就收到了稿件录用通知，这个录用通知也做得"像模像样"。

但是只要认真阅读，就会发现这封录用通知邮件有一个很明显的问题，即汇款地址是一个私人账号。这个学生当时着急毕业，就准备向该账户汇款，这时候室友提醒他："怎么会有杂志要求汇款（版面费）到个人账户，真是少见。"这才引起了他的警惕。这位学生在搜索后发现，之前不少向这个杂志投递稿件的人都被骗过，有的人甚至被骗了4000多元。

网络诈骗的招数越来越多，我将这些案例呈现出来，是想让大家知道，我们要懂得保护自己的知识版权，在投稿时一定要慎重。

四、提升发表成功率的技巧

1. 与导师合作署名。学位论文想快速发表，最简单的技巧就是与导师合作署名。你可以作为第一作者，导师可以作为通信作者。导师不仅可以为你提供一些好的投稿建议，还能侧面证明你的文章质量还不错，毕竟导师的名气通常情况下要比学生大很多。

2. 与他人合作。在写学位论文或者答辩的过程中，也许你会受到一些人的帮助，采纳一些人的建议，这些人都可以成为你的合著者（在论文发表时可以合作署名）。与不同的作者合作发表文章，不仅表现出你可以和不同的研究团队和机构合作，而且还能在合作的过程中不断提高自己的写作水平，完善自己的论文。

3. 为自己制定一个新计划。毕业之后，你会为生计奔波劳碌。你可能会因为找工作，来到一个陌生的城市，而发表文章的事情可能也会被你抛之脑后。所以，趁着学位论文刚刚完成，你可以花些时间，问问自己以下几个问题。

论文中的哪些章节可以做成一篇好的期刊论文？

写好的论文应该投至哪个期刊？

需要花多少时间来写这篇论文？

论文写作的过程虽然艰辛，但也是提升我们写作水平最好的时期。在将学位论文改成期刊论文的过程中，你会发现你的学术能力、写作能力、思辨能力又有了新的提升。我也经常要求我的研究生一定要将自己的毕业论文发表。因为，这是对自己劳动成果最大的尊重，也能让自己的学位论文发挥最大的价值。

　　论文发表后，你还需要将其转变为有传播力的内容。例如，你可以通过做微信公众号、发微博、做课程等，将自己的论文成果传播出去。

　　我希望大家都能够克服困难，让自己的学术成果更广泛地传播。

本章作业

　　努力修改自己的学位论文，尽量使其发表。

- 第九章 -
硕博论文如何出版

  一般而言,博士论文的字数有十几万字,字数已经达到出书的标准。而有些硕士论文字数也可能达到五万字以上,这种情况下也是可以考虑修改后出版的。如果你的学位论文质量较高,且有可读性,不妨考虑出版,使你的学术成果发挥更大价值。

  那么,如何将论文出版呢?

一、联系出版社

出版的关键是要找到一家合适的出版社。

也许你不认识任何出版社的编辑，也不知道怎么去找一家合适的出版社，这时该怎么办呢？

首先，你可以咨询已经出版过图书的同事、朋友，向他们请教应该选择哪些出版社，他们都会给你不错的建议和一些出版社的联系方式。你可以跟他们交流图书出版心得，也可以通过他们与出版社的编辑进行沟通。

其次，你可以直接去找心仪的出版社沟通。出版社的联系方式是不难得到的，你可以在各出版社官网上找到联系方式。与出版社沟通时，通常会有一个编辑与你对接，你可以开门见山地说明你的来意，有条件的话最好与出版社编辑进行面谈。

如果你有几家待选的出版社，就要仔细比较各出版社的出版条件，根据你要出版的图书特点，选择一家最合适的出版社。

二、如何准备出版经费

1. 学校资助。博士毕业后，如果你进入高校或者科研院所工作，你的单位通常会有一些出版经费或者科研项目可以资助你出书。这需要你向工作单位咨询，这样有利于做好出版经费的准备。

2. 申请基金的后期资助项目。如果你暂时找不到资助的渠道，你也可以用成果去申请各类项目的后期资助，国家社科基金、教育部人文社科基金都有后期资助项目。这些后期资助项目都有明确规定：成果已经完成 70%（教育部人文社科基金）或 80%（国家社科基金），并且申报的成果"没有得到过任何单位或部门研究资助和出版资助"，而且明确项目成果最后要出版。最关键的是，"同意符合年限的博士论文申报。"除此之外，还会有一些省级项目也可以资助论文出版。

3. 走市场化道路。如果你的论文比较符合市场化出书的要求，也可以直接走市场化道路。你可以提前跟出版社谈好版税、预购等一系列事项。市场化出书的优点是如果图书的销售情况比较好，还可以获得一部分额外收入。

三、论文如何修改成书

出版论文并不是一件简单的事情。我的博士论文从修改到出版就历时两年多。关于学位论文修改，我也有一些经验和心得。

1. 政治导向问题。坚持正确的方向始终是新闻舆论单位和文化出版单位的头等大事，是必须要完成好的严肃的政治任务，党和国家对此有非常明确的要求。出版社也都会认真贯彻落实这一要求，在出版全流程中强化政治导向管理，对图书选题、图书内容等进行严格把控，确保不出任何导向问题，为党和国家守住、守好出版阵地。

因此，在出版学位论文时，我们要坚持正确的政治导向，在政治上把好关。

2. 字数问题。博士论文一般有十几万字，已经达到了出书标准，但是如果你在修改论文的过程中，发现还有一些新的内容可以探讨，也可以增加。我的博士论文从修改到出版的两年多时间里，也新增了很多内容，比如伦敦奥运会和凯特王妃生子等案例。

3. 排版问题。很多人会对论文排版非常"较真"，其实完全没必要。出版社会安排专业的排版人员为图书进行排版。如果你有一些特殊要求，比如在某个地方要用不同的字体、字号等，你都可以跟编辑提前沟通。

4. 参考文献的问题。一是要把参考文献的来源用规范的格式标注清楚，二是关于脚注和文后注的标注方式要清晰。一些出版社会建议说明性的文字采用当页脚注的方式呈现，其他引用则可以在书后进行文后注。如果你的脚注既有说明性文字，也有引用的书籍和文献，那在后期修改时就会比较麻烦。我的博士论文的参考文献有400多条，如果一个地方做了修改，就需要全部重新校对。所以，建议你把说明性的文字作为脚注，把参考文献列在文后。

英文文献出问题的情况比较多。因为英文文献从知网里导出的时候，会有一些乱码。如果里面缺少信息，你只要根据编辑的意见，把需要补充的信息添加就可以了。

5. 图片问题。为了提升著作的易读性和可读性，你可以在后期加入图片，但是因为排版或者涉及图片版权等问题，很多出版社倾向于不加或者少加图片。有关图片方面的事宜你需要事先与出版社沟通。

在平时搜集图片资料时，你还应该将图片整理好放在文件夹中并进行重命名，比如图片1、图片2等。除此之外，另建一个文档，注明图片的来源，比如来源网站等。

另外，你还需要准备一张自己的照片用于作者简介。建议不要用登记照，应该选择一张有个性而又不失礼仪的照片，这样能很好地体现个人的精神面貌。

四、论文的出版流程

论文的出版流程比较复杂，需要作者留出4至6个月的时间来准备。

目前出版社大概的情况是，如果接稿的责编不是你所在研究领域的学者，出版社会在初审、复审、终审中至少一个环节安排一个专业编辑来审稿。比如你要出版一本法律专著，出版社就会安排一个法学专业的编辑进行审稿，为这本书的学术内容和专业性把关。

不管论文出版到哪一环节，你都需要积极和你的编辑进行沟通和交流，只有这样才能保证你的论文顺利出版。

最后，祝大家的论文都能顺利出版。

本章作业

如果你正在写硕士或博士学位论文，不妨提前为出版做好准备。

- 第十章 -
找工作和写论文如何兼顾

我在本书的开始，就说过要做好写论文的时间准备。

其实，写论文期间也是你需要实习找工作的时候。

这段时间是最煎熬、最忙碌的，也是最迷茫的。

有的人在这段时间为了找工作而忽视了论文写作，有的人为了论文写作而放弃了找工作，有的人想二者兼得，最后什么都没做好，还浪费了很多时间，错过了很多机会。

似乎还没有哪本书会教你如何兼顾论文写作和找工作。

我曾经推荐一个本科生去爱奇艺公司实习，她在那里干得不错。但是到论文快开题的时候，她告诉我她辞职了，要回学校专心写论文。

论文写作与工作难道就没有办法兼顾吗？为什么有的人只能选择其一？

我想多数情况下是因为没有掌握时间管理的技巧。

打个比方，假设你家的热水器突然坏了，你可能不得不抽出几个小时找人来修理，但是这几个小时并不存在于你之前的时间规划里，因为你是不会提前规划出几个小时来修理热水器的。可最终你还是抽出了几个小时去做这件事，那这些时间你是怎么抽出来的呢？时间是有弹性的，不是你没有时间，而是你觉得那件事情并没有很重要。我们都知道锻炼身体的重要性，但是我们总觉得没时间，其实不是这件事情不重要，只是你觉得这件事没有其他的事情重要而已。

这就是为什么我们本可以兼顾论文写作与（找）工作。

一、如何做好时间管理

1. 分清不同阶段的主次。我认为论文写作和找工作在不同的阶段，重要程度会有所不同。在论文写作的前期材料准备和中期素材整理之前，你可以把更多的精力放在找工作和实习中，而在论文写作的后期和答辩前，则要把精力重点放在论文写作和修改上。

2. 充分利用碎片化的时间。很多人都会问我："你怎么有这么多的时间来写论文？你既要照顾孩子，还要管理学校的教学行政，已经有这么多事情围绕着你了，你怎么还有多余的时间写论文呢？"

我想这主要得益于我比较会利用碎片化的时间。比如，我会在课余十分钟的时间里，坐下来写点东西，或者利用这十分钟为学生做一次简单的论文辅导等。可能很多人认为，写论文该有的状态是坐在电脑前，长时间地一动不动。

其实这样反而效率很低。

我都是利用零碎的时间完成论文写作的。

合理利用碎片化时间其实不难。首先，你要先改变原有的认知，不要认为写论文的前提一定是要有大段空闲时间和一个安静的地方。论文写作是可以随时随地进行的事情，比如走在去往食堂的路上你可以构思文章思路，在公交车上可以浏览下载到手机里的文献，在洗衣服的时候你可以对自己的论文进行反思与总结，哪怕是在和同学、老师聊天的时候，你都可能会有新的灵感和启发。长此以往，你会发现你的时间越来越多，你的写作效率也会越来越高。

二、不断地问自己，找寻内心真正追求的东西

不管是在写学位论文的过程中还是在实习找工作过程中，你都会碰到各种困难，但也没必要苛求自己，毕竟没有完美的论文，也没有完美的工作。

在写作学位论文时，要反复问自己："这篇论文到底有没有价值？值不值得深度探索？"

在准备考博或考研前，也要反复问自己："这是不是我想要追求的目标？"

或许你能找到自己内心的答案。

我相信，最后大家都能找到合适的工作，也都能走上学术的康庄大道。

祝各位学友事业有成，万事顺利。

后　　记

《学位论文通关宝典》这本书是在我的荔枝微课直播间开设的两门直播课程"硕士论文就像自己的头发,一边掉一边还要故作坚强"和"博士论文就像自己的BABY,要生,还要养!"的内容基础上写作出版的。这本书也有相应的课程辅导服务,扫描书中的二维码即可查阅。

在写本书的过程中,我不断回想自己当初是如何完成学位论文写作的,写作期间我遇到了哪些问题,以及运用了哪些技巧。遗憾的是我的本科和硕士研究生的学位论文因当时保存方式单一,再也找不回来了。

我记得写完本科学位论文后,我带着3.5英寸的软盘去打印店打印论文,后来没有保存下来。而存储硕士学位论文的那个U盘也不知被我丢到了哪里。

随着社会的进步、时代的发展,很多便捷的保存工具、技巧和方法也都慢慢普及,在本书中我也都提到了。

起初,我觉得本书文字太少,图片也不多,而且很多东西可能很快过时。

但幸运的是,书上二维码真实地将你和我连接,我会在增值服务中为你提供更多更丰富的内容。

所以,这不仅是一本书,更是一个连接你我的绿色通道。

我相信,你找到了这本书,就找到了我,找到了一位贴心陪伴在你身边的论文辅导老师。

  其实，对于写论文这件事，很多人会疑惑，"我们写的这些东西又没有很多人看，也几乎解决不了什么现实的问题，为什么大学毕业时还要写论文？"

  我在本书中一直强调写论文其实就是找到自己未来努力的方向，找到自己人生的新起点。

  相信我，你的论文不会白写，你的努力也不会白费。